U0601541

欽定續纂外藩蒙古回部王公表傳

清史研究資料叢編

1

中華書局

圖書在版編目（CIP）數據

欽定續纂外藩蒙古回部王公表傳：全2册．—北京：中華書局，2015.10
（清史研究資料叢編）
ISBN 978-7-101-11238-2

Ⅰ.欽… Ⅱ.蒙古族—回部—貴族—列傳—中國—清代 Ⅲ.K827=49

中國版本圖書館CIP數據核字（2015）第222008號

責任編輯：陳利輝　李　佳
封面設計：周　玉

微信　新浪微博

清史研究資料叢編

欽定續纂外藩蒙古回部王公表傳

（全二册）

*

中 華 書 局 出 版 發 行
（北京市豐臺區太平橋西里38號　100073）
http://www.zhbc.com.cn
E-mail:zhbc@zhbc.com.cn
北京祖龍古籍膠印裝訂廠印刷

*

787×1092毫米 1/16・77¾印張
2015年10月第1版　2015年10月北京第1次印刷
定價：1200.00元

ISBN 978-7-101-11238-2

出版説明

清代是我國最後一個封建王朝，雖然在西方工業文明的劇烈衝擊下無可挽回地日漸走向衰落，但政治、經濟、文化、學術等各方面，汲取了前代的積纍，而臻於極致。因此，湧現出的典籍數量遠超前代。再加上西方新的印刷技術的傳入，以及距離現今較近等緣故，故保留下來的文獻亦是浩如煙海。

清亡之後，人們便開始着手相關文獻的整理。新中國成立後，清代文獻的整理出版工作更是取得了巨大的成績。迄今爲止，清代的文集、筆記、日記、檔案、方誌以及各種專題資料等已有大量出版，影印存真者有之，點校排印者有之。中華書局作爲我國歷史悠久的一家有影響力的大型出版單位，自成立至今，也一直關注並出版了不少清代文獻，如民國時期出版過《清史纂要》（劉法曾著）、《清朝全史》（［日］稻葉君山著、但燾譯）、《清史列傳》（中華書局編）等。新中國成立後，中華書局繼續推出《清代通史》（蕭一山著）、《清代檔案史料叢編》、《清實録》、《光緒朝硃批奏摺》等書，其中不少屬大型影印文獻。

爲適應新形勢下清史研究的需求，我們有責任有義務進一步推進清史研究資料的整理出版工作，爲此，我們策劃了「清史研究資料叢編」這一叢書出版方案，揀擇史料價值高的珍稀文獻納入本叢書，題材、領域不限。

本書所收爲《欽定續纂外藩蒙古回部王公表》十二卷《傳》十二卷，清咸豐武英殿刻本。續纂的主要機構是國史館。清代的外藩蒙古回部王公表傳，自乾隆四十四年（一七七九）至五十四年（一七八九），國史館會同理藩院編纂出第一部之後，乾隆下令續纂，至乾隆六十年（一七九五）完竣。此後歷朝代有續纂：嘉慶十七年（一八一二）敕撰，至十九年（一八一四）完竣；道光十六年（一八三六）敕撰，至十九年（一八三九）完竣；道光二十九年（一八四九）敕撰，至咸豐元年（一八五一）完竣。本書爲第五次續纂，自咸豐九年（一八五九）始。

據《中國古籍善本書目》，上述歷次續纂，均祇有唯一版本與之對應。

本書專門記載清代蒙古地區、新疆回部以及西藏地區王公貴族封爵世系及功績，對於民族史、民族關係史、少數民族歷史文化等方面的研究具有一定的參考價值。

中華書局編輯部

二〇一五年九月

第一册目録

欽定續纂外藩蒙古回部王公表十二卷傳十二卷（之一：表十二卷）

奏摺……三
卷一
目録……七
表第一……一三
科爾沁部……一三
扎賚特部……四五
杜爾伯特部……四七
郭爾羅斯部……四九
喀喇沁部……五三
土默特部……六九
卷二
目録……七五
表第二……七九
敖漢部……七九
奈曼部……八七
巴林部……八九

扎噜特部……九五
阿噜科爾沁部……一〇三
翁牛特部……一〇五
克什克騰部……一一三
卷三
目録……一一五
表第三……一一九
喀爾喀左翼部……一一九
烏珠穆沁部……一二一
浩齊特部……一二九
蘇尼特部……一三三
阿巴噶部……一四一
阿巴哈納爾部……一五一
卷四
目録……一五五
表第四……一五九
四子部落……一五九
茂明安部……一六一
烏喇特部……一六五
喀爾喀右翼部……一七一
鄂爾多斯部……一七九

卷五
目録……一九五
表第五……一九九
喀爾喀土謝圖汗部……一九九
卷六
目録……二四一
表第六……二四五
喀爾喀車臣汗部……二四五
卷七
目録……二九七
表第七……三〇一
喀爾喀扎薩克圖汗部……三〇一
卷八
目録……三四五
表第八……三五一
喀爾喀賽因諾顔部……三五一
阿拉善厄魯特部……四一五
卷九
目録……四二三
表第九……四二七
青海厄魯特部……四二七

卷十
目録……四八三
表第十……四八七
西藏部……四八七
居京師之綽羅斯……四九五
杜爾伯特部……四九七
卷十一
目録……五三一
表第十一……五三五
土爾扈特部……五三五
和碩特部……五六一
哈密回部……五六七
吐魯番回部……五六九
卷十二
目録……五七九
表第十二……五八三
居歸化城之土默特……五八三
居察哈爾之和碩特……五八九
居黑龍江之厄魯特……五九五
居科布多之扎哈沁……五九七
居京師之回部……五九九
居新疆之回部……六〇三

欽定續纂外藩蒙古回部王公表十二卷傳十二卷

（之一：表十二卷）

清咸豐武英殿刻本

臣彭蘊章臣穆蔭臣愛仁臣楊式穀等謹

奏爲請

旨事查乾隆四十四年欽遵

高宗純皇帝諭旨纂辦蒙古及回部王公表傳經臣館纂輯三體表傳至乾隆六十年止共三百六十卷刊刻頒發又於嘉慶十七年經總裁臣松筠等議准續纂章程自嘉慶元年以前表傳內襲至第幾次止卽以所止之次續纂於十九年完

竣道光十六年八月奏請續纂於十九年完竣
二十九年四月奏請續纂於咸豐元年完竣纂
至道光二十五年止共七十二卷進
呈後另繕樣本交
武英殿刊刻刷印裝潢成帙恭呈
御覽後頒發各該部落以昭
聖朝眷念外藩
加恩世守之至意迄今已閱十有餘年自應接續修纂

臣等查蒙古王公表傳四次續纂業已刊刻此次所纂應請仍照嘉慶十七年原議查明襲至第幾次止即以所止之次續纂其見於前表傳者毋庸復敘理合奏

聞伏乞

皇上訓示遵行謹

奏咸豐九年十月初十日具奏本日奉

旨依議欽此

欽定續纂外藩蒙古回部王公表卷之一目錄

科爾沁部 哲哩穆盟

扎薩克和碩土謝圖親王

附 多羅貝勒

和碩達爾漢親王

附 和碩卓哩克圖親王

附 固山貝子

附 多羅郡王

附多羅貝勒

附固山貝子

附輔國公

附輔國公

附輔國公

扎薩克多羅扎薩克圖郡王

扎薩克多羅冰圖郡王

扎薩克多羅郡王今晉封博多勒噶台親王

增輔國公

扎薩克鎮國公

扎賚特部

扎薩克多羅貝勒今加郡王銜

杜爾伯特部

扎薩克固山貝子

郭爾羅斯部

扎薩克鎮國公

扎薩克輔國公

喀喇沁部 卓索圖盟

親王品級扎薩克多羅杜棱郡王

附輔國公

附輔國公

扎薩克多羅貝勒

增 扎薩克一等塔布囊

扎薩克一等塔布囊

附 輔國公

增 一等塔布嚢

土默特部

扎薩克多羅達爾漢貝勒

附 喀爾喀多羅貝勒

扎薩克固山貝子今加貝勒銜

[illegible]

欽定續纂外藩蒙古回部王公表卷之一

表第一

科爾沁部 哲哩穆盟

扎薩克和碩土謝圖親王

初封土謝圖汗奥巴自襲扎薩克和碩土謝圖親王從至第十二次仍襲扎薩克和碩土謝圖親王色登端魯布見續表

十二次襲

色登端

魯布	諾爾布林沁之子道光二十年襲

附 多羅貝勒

初封沙津至第七次仍襲多羅貝勒三音瑚比圖見續表

七次襲三音瑚比圖達爾瑪扎布之弟道光二十一

八次襲旺楚克琳沁三音瑚比圖之子道光二十八

年襲二十八年卒

年襲

和碩達爾漢親王

初封扎薩克和碩達爾漢親王滿珠習禮至第八次削去扎薩克第九次襲和碩達爾漢親王索特那木朋素克見續表

九次襲

索特那木朋素克

布彥温都

爾瑚之子

道光十八

年襲

附
和碩卓哩克圖親王

初封烏克善至第十次仍襲和碩卓哩克圖親王巴圖見續表

十次襲
巴圖
噶勒桑棟羅布之子道光六年襲二十一

年補備兵

扎薩克

附固山貝子

初封和碩親王色布騰巴勒珠爾一次降襲公品級二次晉襲多羅貝勒第三次降襲固山貝子濟克默特見續表

三次襲
濟克默特
鄂勒哲依圖之姪嘉

四次襲
棍楚克琳沁
濟克默特之子道光

慶二十四	二十八年
年降襲固	降襲鎮國
山貝子道	公
光六年補	
扎薩克二	
十八年卒	

附多羅郡王

初封齊塔特至第八次仍襲多羅郡王濟克默特朗布見續表

八次襲濟克默特朗布棟默特之子道光二十一年襲

附 多羅貝勒

初封綽爾濟至第七次仍襲多羅貝勒貢格喇布坦見續表

七次襲

貢格喇布坦

色楞多爾濟之子道光三年襲

附 固山貝子

初封喇什至第五次仍襲固山貝子阿敏烏爾圖見續表

五次襲阿敏烏爾圖阿舒噶之子道光七年襲

附

輔國公

初封固山貝子烏爾呼瑪勒一次降襲輔國公至第三次仍襲輔國公巴圖見續表

三次襲

巴圖

錫達什哩之子道光八年襲

附輔國公

初封圖納赫至第七次仍

襲輔國公帕喇巴見續表

七次襲

帕喇巴

博囉特之

子道光二

十一年襲

附輔國公

初封噶爾弼至第三次仍襲輔國公旺沁見續表

三次襲	四次襲
旺沁	鄂綽爾巴圖
諾觀達喇第三子嘉慶七年襲道光二十	旺沁之子道光二十七年降襲

七年卒

一等台吉

扎薩克多羅扎薩克圖郡王

初封布達齊至第八次仍襲扎薩克多羅扎薩克圖郡王索特那木倫布木木見續表

八次襲
索特那木倫布木
敏珠爾多爾濟之子

道光十四

年襲

扎薩克多羅冰圖郡王

初封洪果爾至第八次仍襲扎薩克多羅冰圖郡王林沁扎勒參見續表

八次襲林沁扎勒參羅布藏佳木參之孫嘉慶十九

年襲表

扎薩克多羅郡王今晉封博多勒噶台親王

初封多羅貝勒棟果爾自晉襲扎薩克多羅郡王後至第十次仍襲扎薩克多羅郡王今晉封博多勒噶台親王僧格林沁見續表

十次襲
僧格林沁
索特納木多布齋嗣

子道光五年襲咸豐五年晉封博多勒噶台親王世襲罔替

增輔國公

初封朗布林沁

咸豐五年因伊弟僧格林沁之功由三等

台吉

晉封輔國公

扎薩克鎮國公

初封喇嘛什希至第十次仍襲扎薩克鎮國公烏勒濟濟爾噶勒見續表

十次襲

烏勒濟

濟爾噶

勒

多布沁旺

丹之弟道

光二十年

襲

扎賚特部

扎薩克多羅貝勒今加郡王銜

初封固山貝子蒙棍達爾罕和碩齊自晉襲扎薩克多羅貝勒後至第九次仍襲扎薩克多羅貝勒今加郡王銜喇木棍布扎布見續表

九次襲

喇木棍布扎布

瑪什巴圖

之族弟道
光十四年
襲咸豐五
年
賞郡王銜

杜爾伯特部

扎薩克固山貝子

初封色棱至第十二次仍襲扎薩克固山貝子鄂綽爾琥雅克圖見續表

十二次襲鄂綽爾琥雅克圖喇特那巴

十三次襲貢噶綽克丹鄂綽爾琥雅克圖之

喇之弟嘉慶十五年襲道光十七年卒	子道光三十七年襲

郭爾羅斯部

扎薩克鎮國公

初封布木巴至第八次仍襲扎薩克鎮國公楊贊巴喇見續表

八次襲
楊贊巴
喇
固嚕扎布
之子道光

九年襲

扎薩克輔國公

初封固穆至第十次仍襲扎薩克輔國公阿勒坦鄂齊爾見續表

十次襲

阿勒坦鄂齊爾

恩克托克托琥長子

道光二年

欽定續纂外藩蒙古回部王公表 卷一

襲

扎薩克輔國公

喀喇沁部卓索圖盟

親王品級扎薩克多羅杜棱郡王

初封扎薩克多羅杜棱貝勒固魯思奇布自晉襲郡王後第九次晉襲親王品級至第十一次仍襲親王品級扎薩克多羅杜棱郡王色伯克多爾濟見續表

十二次襲

色伯克

多爾濟

布哩雅巴

喇之子道
光十六年
襲

附輔國公

初封固山貝子敏珠爾喇布坦一次降襲鎮國公二次降襲輔國公第三次仍襲輔國公喇旺立

克森見續表

三次襲

喇旺立

克森

永庫爾忠之子道光

五年襲

附

輔國公

初封羅卜藏車布登至第五次仍襲輔國公班咱什哩見續表

襲次	名	事蹟
五次襲	班咱什哩	布呢雅什哩胞弟嘉慶二十年
六次襲	魏羅暮仲柰	班咱什哩之子道光三十年襲

襲道光三

十年卒

扎薩克多羅貝勒

初封扎薩克鎮國公色棱自晉襲多羅郡王降襲多羅貝勒後至第十次仍襲多羅貝勒德木齊扎布見續表

十次襲
德木齊
扎布
托恩多之
子道光十

增

扎薩克一等塔布囊

初授喇特納吉爾第第一次仍襲扎薩克一等塔布囊克星額見續表

一次襲	二次襲	三次襲
克星額	布哩那	烏淩阿
喇特納吉爾弟之子嘉慶二十三年襲道	巴喇克星額之子道光二十六年襲	布哩那巴喇之弟咸豐元年襲

光二十六年卒

咸豐元年緣事革職弟烏淩阿襲

扎薩克一等塔布囊

初授格㖞勒至第四次仍襲扎薩克一等塔布囊德勒格爾見續表

四次襲

德勒格

爾

瑪哈巴喇

之長孫道

光二十四

年襲

附
輔國公
初封丹巴至第八次仍襲輔
國公德里克呢瑪見續表

八次襲
德里克
呢瑪
布林之族
弟道光五
年襲

增一等塔布囊

初授

察克魯克扎布

布彥圖次子咸豐四賞年因伊父布彥圖陣

車凌圖卓
賞三等塔布
囊世襲罔
替是年襲

會

一等塔布囊

土默特部

扎薩克多羅達爾漢貝勒

初封扎薩克達爾漢鎮國公善巴自晉襲多羅貝勒後至第九次仍襲扎薩克多羅達爾漢貝勒那遜鄂勒哲依見續表

九次襲

那遜鄂

勒哲依

濟克默特

扎布之子

道光十三

年襲

附

喀爾喀多羅貝勒

初封巴勒布冰圖至第七次仍襲多羅貝勒旺楚克喇布坦見續表

七次襲	八次襲
旺楚克喇布坦伊佳喇克巴達爾道光十三年襲	布彥巴達爾琥旺楚克喇布坦之弟咸豐二年

咸豐三年襲 襲 [illegible]

卒無嗣弟 [illegible]

布彥巴達 [illegible]

爾瑚襲 [illegible]

[illegible]

蘇貝[illegible]

扎薩克固山貝子今加貝勒銜

初封固穆至第十次仍襲扎薩克固山貝子今晉貝勒銜德勒克色楞見續表

十次襲德勒克色楞貝瑪呢巴達爾之子道光廿五年

襲。咸豐五
年。[illegible]
賞貝勒銜。並
[illegible]
[illegible]
十八年。

[illegible]

扎薩克固山貝子。今加貝勒銜

欽定續纂外藩蒙古回部王公表卷之二目錄

敖漢部昭烏達盟
扎薩克多羅郡王
附多羅郡王
附固山貝子
附輔國公
柰曼部
扎薩克多羅達爾漢郡王

巴林部

親王品級扎薩克多羅郡王

扎薩克固山貝子

附固山貝子

扎嚕特部

扎薩克多羅貝勒

扎薩克多羅達爾漢貝勒

附鎮國公

附　二等台吉

阿嚕科爾沁部

扎薩克多羅貝勒

翁牛特部

扎薩克多羅杜棱郡王

附　輔國公

附　鎮國公

扎薩克多羅達爾漢岱青貝勒

克什克騰部

扎薩克一等台吉

欽定續纂外藩蒙古回部王公表卷之二

表第二

敖漢部 昭烏達盟

扎薩克多羅郡王

初封 班第至第九次仍襲扎薩克多羅郡王達爾瑪吉爾第見續表

九次襲 達爾瑪吉爾第

十次襲 達達多克丹

德濟特之族弟嘉慶十八年襲道光二十八年卒	達爾瑪吉爾第之子道光二十九年襲			

附 多羅郡王

初封素諾木杜棱至第十二次仍襲多羅郡王布彥德勒格哷固魯克齊見續表

十二次襲 布彥德勒格哷固魯克齊 十三年 斡哨巴喇

老子道光
二十三年
襲

附 固山貝子

初封多羅貝勒羅卜藏自降襲固山貝子

後至第三次仍襲固山貝子諾爾布桑見

續

表

三次襲

諾爾布

桑

德威多爾

濟之長子

四次襲

達克欽

諾爾布桑

之子道光

二十七年

嘉慶十八年襲道光二十七年卒

襲

附輔國公

初封固山貝子羅卜藏錫喇布一次降襲鎮國公第二次降襲輔國公烏爾占扎布

見續表

二次襲

烏爾占

扎布

納木扎勒

多爾濟之

長子道光

九年降襲

輔國公

柰曼部

扎薩克多羅達爾漢郡王

初封袞楚克至第九次仍襲扎薩克多羅達爾漢郡王阿完都雍第扎布見續表

九次襲	十次襲
阿完都雍第扎布 巴勒楚克	德木楚克扎布 阿完都雍第扎布之

之子嘉慶二十四年襲道光二十八年卒	子道光二十八年襲			

巴林部

親王品級扎薩克多羅郡王

初封扎薩克多羅郡王色布騰自晉襲親王品級後至第九次仍襲親王品級扎薩克多羅郡王那木濟勒旺楚克見續表

九次襲那木濟勒旺楚克

索特那木

多爾濟之

孫道光七

年襲

扎薩克固山貝子

初封滿珠習禮至第九次仍襲扎薩克

固山貝子多爾濟薩木魯布見續表

九次襲

多爾濟

薩木魯

布

噶爾瑪什

第之弟道

[illegible]十八年

襲

[illegible]

附 固山貝子

初封色棱至第七次仍襲

固山貝子索哩雅見續表

七次襲索哩雅阿勒坦桑之子道光二年襲

扎嚕特部

扎薩克多羅貝勒

初封多羅貝勒內齊自授扎薩克後至第十次仍襲扎薩克多羅貝勒三音濟爾噶勒見續表

十次襲三音濟爾噶勒

佈木色楞

之嗣孫道
光二十一
年襲

扎薩克多羅達爾漢貝勒

初封多羅達爾漢貝勒色本自授扎薩克

後至第十次仍襲扎薩克多羅達爾漢貝勒薩達爾

見續表

十次襲
薩達爾
幹珠爾扎布之子道光七年襲

十一次襲
諾爾布林沁
薩達爾之子咸豐四

咸豐四年	年襲
卒	

附　鎮國公

初封瑪尼至第十次仍襲鎮國公曼都巴雅爾見續表

十次襲	十一次襲
曼都巴雅爾	達瓦甯保
特固斯巴雅爾之弟嘉慶十六	曼都巴雅爾之子道光三十年

年襲道光三十年卒	襲

附

二等台吉

初封輔國公朋素克一次降襲公品級一等台吉第二次降襲二等台吉那木桑第

見續表

二次襲

那木桑第

恩克多爾濟之子嘉

慶二十四
年降襲已
等台吉

阿嚕科爾沁部

扎薩克多羅貝勒

初封穆彰至第十一次仍襲扎薩克多羅貝勒喇什仲鼐見續表

十一次襲

喇什仲

鼐

扎木楊旺

錫克之子

道光二十四年薨

翁牛特部

扎薩克多羅杜棱郡王

初封遜杜棱至第十次仍襲扎薩克多羅杜棱郡王喇特那濟爾迪見續表

十次襲喇特那濟爾迪

包多爾濟

卒于嘉慶

十七年襲

[illegible]

附輔國公

初封固山貝子鄂齊爾至第五次降襲鎮國公第六次降襲輔國公克什克阿爾比

吉呼見續表

六次襲

克什克

阿爾比

吉呼

豐仲保之

子道光二

十三年降

襲輔國公

附鎮國公

初封噶爾瑪至第九次仍襲

鎮國公那宛敦羅布見續表

九次襲

那宛敦

羅布

桑噶巴喇

之弟道光

十八年襲

扎薩克多羅達爾漢岱青貝勒

初封扎薩克固山達爾漢岱青貝子楝岱青自晉襲多羅貝勒後至第十次仍襲扎薩克多羅達爾漢岱青貝勒寶拜見續表

十次襲寶拜孟克齊雅之子道光十一年襲

克什克騰部

扎薩克一等台吉

初授索諾木至第七次仍襲扎薩克一等台吉弼瑪喇吉爾第見續表

七次襲
弼瑪喇
吉爾第
旺楚克喇
布坦之子

道光二年

襲

欽定續纂外藩蒙古回部王公表卷之三目録

喀爾喀左翼部 西林果勒盟

扎薩克多羅貝勒

烏珠穆沁部

扎薩克和碩車臣親王

附 鎮國公

附 輔國公

扎薩克多羅額爾德尼貝勒

浩齊特部

扎薩克多羅額爾德尼郡王

扎薩克多羅郡王後削去扎薩克

蘇尼特部

扎薩克多羅郡王

附多羅貝勒

扎薩克多羅杜棱郡王

附輔國公

阿巴噶部

多羅卓哩克圖郡王

扎薩克一等台吉

扎薩克多羅郡王

附 固山達爾漢貝子

附 輔國達爾漢公

阿巴哈納爾部

扎薩克多羅貝勒

扎薩克固山貝子

欽定續纂外藩蒙古回部王公表卷之三

表第三

喀爾喀左翼部 西林果勒盟

扎薩克多羅貝勒

初封袞布伊勒登至第八次仍襲扎薩克多羅貝勒巴彥巴圖爾見續表

八次襲

巴彥巴

圖爾

沙克都爾

扎布之族

姪道光十

年襲

烏珠穆沁部

扎薩克和碩車臣親王

初封多爾濟至第九次仍襲扎薩克和碩車臣親王朋素克那木濟勒見續表

九次襲

朋素克那木濟勒

多爾濟

克默特那木濟勒之子道光十四年襲

附鎮國公

初封塔旺扎木素至第四次仍襲鎮國公桑噶扎布見續表

四次襲

桑噶扎布

都噶爾扎布之子道光十八年

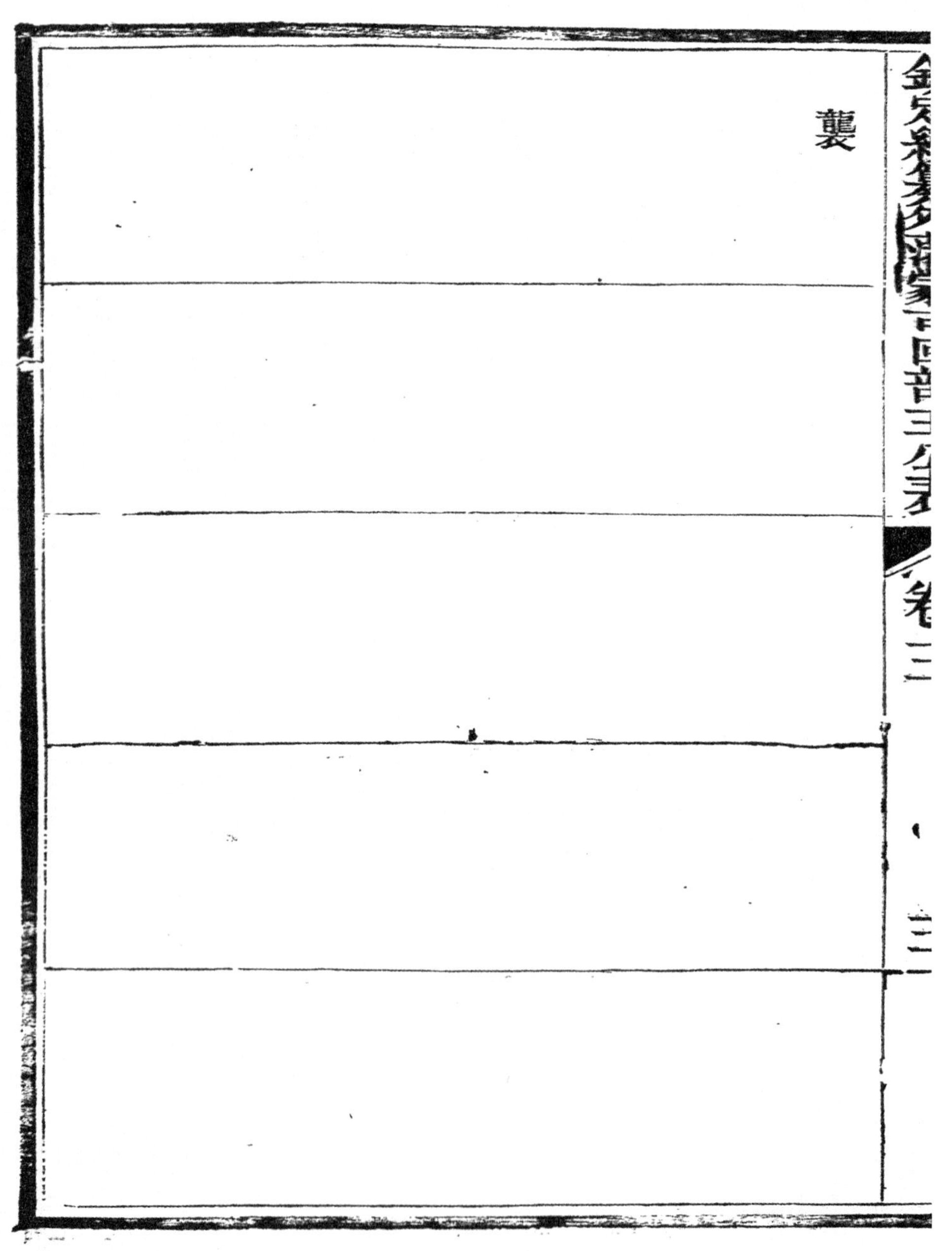

襲

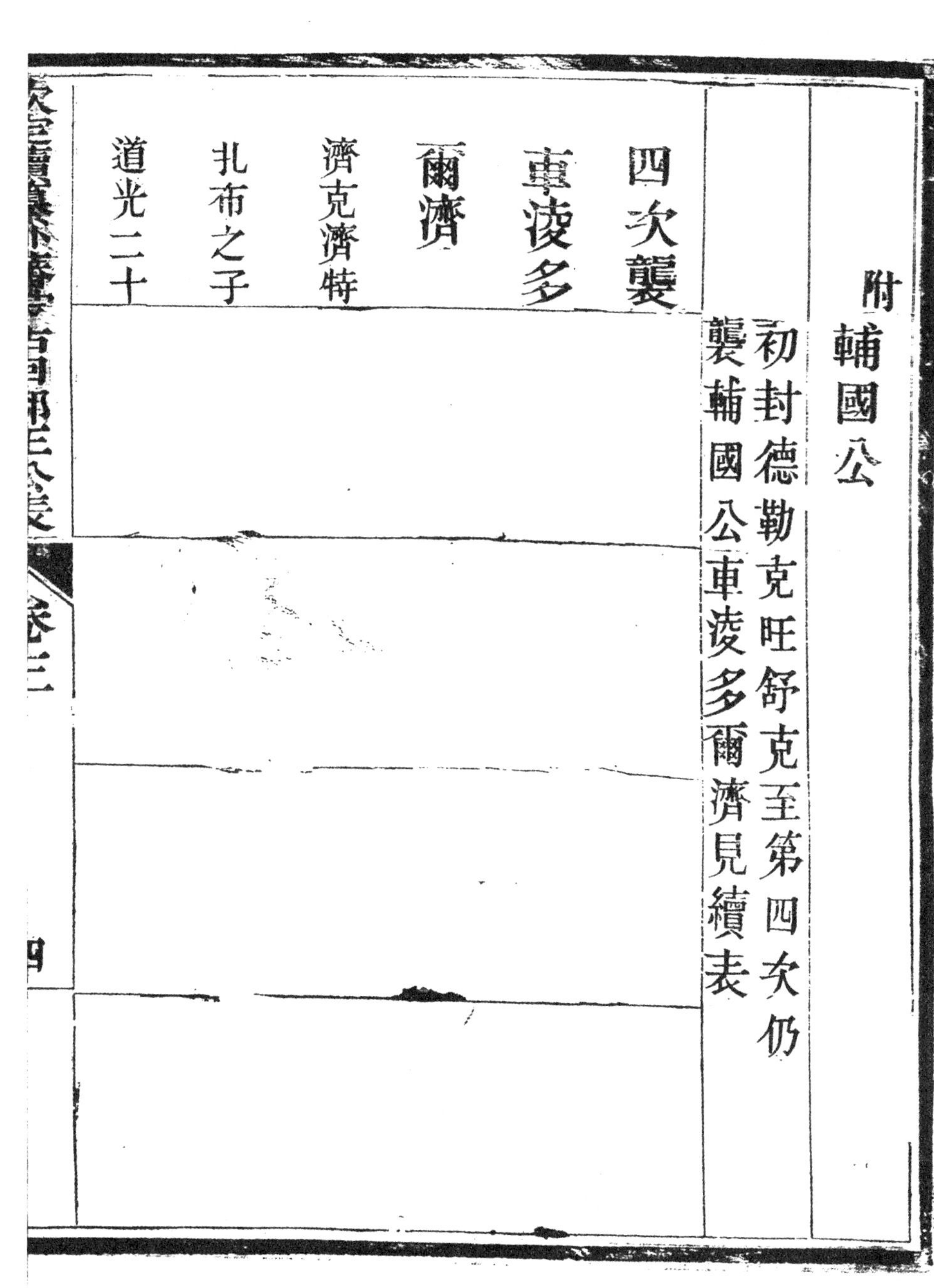

附輔國公

初封德勒克旺舒克至第四次仍襲輔國公車淩多爾濟見續表

四次襲車淩多爾濟濟克濟特扎布之子道光二十

欽定續纂外藩蒙古回部王公表　卷二　四

年襲

扎薩克多羅額爾德尼貝勒

初封色棱至第八次仍襲扎薩克多羅額爾德尼貝勒達克丹見續表

八次襲

達克丹

圖克濟扎布之子道光五年襲

浩齊特部

扎薩克多羅額爾德尼郡王

初封博羅特至第九次仍襲扎薩克多羅額爾德尼郡王吹精扎布見續表

九次襲

吹精扎布

額林沁諾爾布之弟

道光十四
年襲

扎薩克多羅郡王後削去扎薩克

初封噶爾瑪色旺至第十次仍襲扎薩克多羅郡王後削去扎薩克承隆珠爾默特見續表

十次襲	十一次襲
承隆珠爾默特	濟克登噶委章
貢楚克棟羅布之子	承隆珠爾默特之子

道光九年襲十七年緣事革去扎薩克咸豐二年因病開缺

道光十七年襲扎薩克咸豐二年襲多羅郡王

蘇尼特部

扎薩克多羅郡王

初封騰機思至第九次仍襲扎薩克多羅郡王齊旺扎布見續表

九次襲

齊旺扎布

巴勒珠爾

雅喇木丕

勒之子嘉

慶二十五

年襲

附 多羅貝勒

初封薩穆扎至第八次仍襲多羅貝勒散達瓦喇見續表

八次襲

散達瓦喇

那木濟勒多爾濟之子道光二

十一年襲

扎薩克多羅杜棱郡王

初封叟塞至第十二次仍襲扎薩克多羅杜棱郡王布爾呢錫哩見續表

十二次襲	十三次襲
布爾呢	布達莽
錫哩	噶喇
喇特那西	布爾呢錫
第之子道	哩之子咸
光十六年襲	豐五年襲

咸豐五年

卒

附輔國公

初封多羅貝勒噶爾瑪自降襲輔國公後至第九次仍襲輔國公布彦特古斯見續表

九次襲

布彦特古斯

巴圖鄂齊爾之子道

光二十三
年襲

阿巴噶部

多羅卓哩克圖郡王

初封扎薩克多羅卓哩克圖郡王多爾濟第九次削去扎薩克至第十一次仍襲多羅卓哩克圖郡王薩爾濟勒多爾濟見續表

十二次襲	十三次襲
薩爾濟勒多爾濟	扎噶爾
	祿木卜
	薩爾濟勒

那木薩賴多爾濟之子道光十六年襲二十九年卒

多爾濟之子道光二十九年襲

扎薩克一等台吉

初授巴勒丹色棱至第二次仍襲扎薩克一等台吉都噶爾布木見續表

二次襲

都噶爾

布木

索諾木多

布衲之子

道光十五

年襲

扎薩克多羅郡王

初封都思噶爾至第八次仍襲扎薩克多羅郡王阿爾達什第見續表

八次襲

阿爾達什第

嘛尼巴達喇之子道光五年襲

附

固山達爾漢貝子

初封多爾濟至第六次仍襲固山達爾漢貝子德木楚克達什見續表

六次襲	七次襲
德木楚克達什	堆音固爾扎布
巴雅爾錫第之子嘉慶二十二	德木楚克達什之子咸豐二年

年襲咸豐	二年卒
襲	

附
輔國達爾漢公

初封固山達爾漢貝子德木楚克自降襲輔國達爾漢公後至第六次仍襲輔國達爾漢公恩克托

克托呼見續表

六次襲
恩克托
克托呼
薩木丕勒
諾爾布之

子道光二十一年襲

阿巴哈納爾部

扎薩克多羅貝勒

初封色棱墨爾根至第十次仍襲扎薩克多羅貝勒朋楚克桑布見續表

十次襲
朋楚克
桑布
巴喇楚克
之子道光

十一次襲
達木定
扎布
朋楚克桑
布之弟道

十四年襲
二十六年
卒無嗣弟
達木定扎
布襲

光二十六
年襲

扎薩克固山貝子

初封棟伊思喇布至第七次仍襲扎薩克固山貝子桑齊薩喇特多布見續表

七次襲

桑齊薩

喇特多

布

伊達木扎

布之子道

光二十四
年襲

欽定續纂外藩蒙古回部王公表卷之四目錄

四子部落烏蘭察布盟

扎薩克多羅達爾漢卓哩克圖郡王

茂明安部

扎薩克一等台吉

附多羅貝勒

烏喇特部

扎薩克鎮國公後削去扎薩克

扎薩克鎮國公

扎薩克輔國公

喀爾喀右翼部

扎薩克多羅達爾漢貝勒

附固山卓哩克圖貝子

附固山貝子

附鎮國公

鄂爾多斯部伊克昭盟

扎薩克多羅郡王

附 二等台吉

扎薩克多羅貝勒

扎薩克固山貝子

扎薩克固山貝子

扎薩克固山貝子

扎薩克固山貝子

扎薩克一等台吉

欽定續纂外藩蒙古回部王公表卷之四

表第四

四子部落 烏蘭察布盟

扎薩克多羅達爾漢卓哩克圖郡王

初封鄂木布至第十次仍襲扎薩克多羅達爾漢卓哩克圖郡王伊什齊當見續表

十次襲

伊什齊當

伊什楚克

噶布之胞

弟道光七

年襲

茂明安部

扎薩克一等台吉

初授僧格至第七次仍襲扎薩克一等台吉綽克巴達爾呼見續表

七次襲綽克巴達爾呼達特巴扎木蘇之子

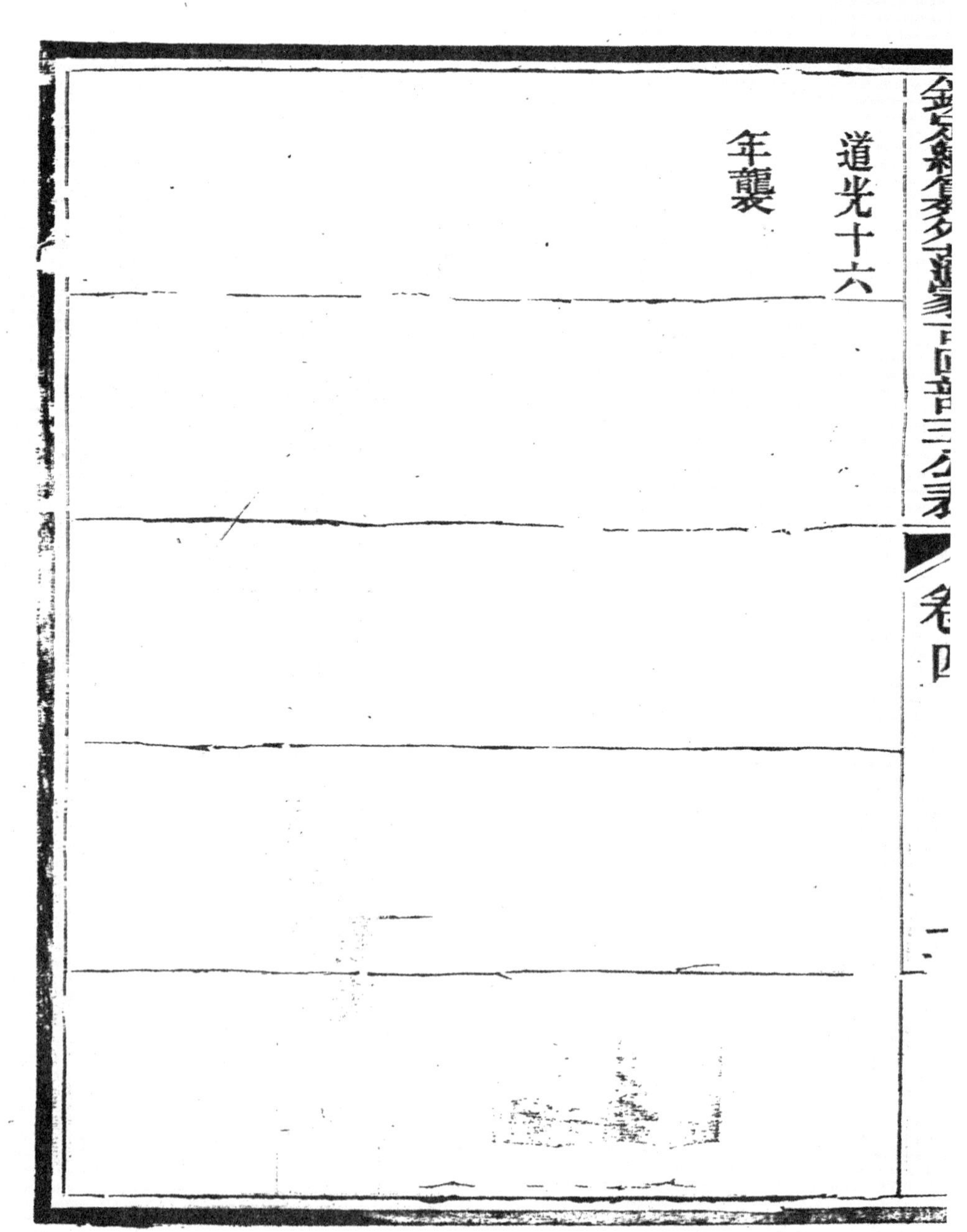

道光十六

年襲

附 多羅貝勒

初封固穆巴圖爾至第八次仍襲多羅貝勒格楚克見續表

八次襲

格楚克

達木丕勒之孫道光十九年襲

烏喇特部

扎薩克鎮國公後削去扎薩克

初封圖巴至第九次仍襲扎薩克鎮國公後削去扎薩克喇特那巴喇見續表

九次襲

喇特那巴拉

車布登楝囉布之子

嘉慶七年襲道光十四年緣事革去扎薩克

扎薩克鎮國公

初封鄂班至第十三次仍襲扎薩克鎮國公噶勒當旺楚克多爾濟見續表

十三次襲噶勒當旺楚克多爾濟巴圖諤齊爾之子道
十四次襲貢蘇隆扎布噶勒當旺楚克多爾濟之子咸

光十四年襲咸豐四年卒

豐四年襲

扎薩克輔國公

初封巴克巴海至第九次仍襲扎薩克輔國公喇旺里克津見續表

九次襲

喇旺里克津

車楞旺楚克多爾濟之子道光

十一年襲

喀爾喀右翼部

扎薩克多羅達爾漢貝勒

初封扎薩克和碩達爾漢親王本塔爾自
降襲多羅貝勒後至第八次仍襲扎薩克
多羅達爾漢貝勒索特
那木多爾濟見續表

八次襲
索特那
木多爾
濟

齊旺多布齊之子道光二十四年襲

附 固山卓哩克圖貝子

初封多羅卓哩克圖郡王哀布自降襲固山貝子後至第八次仍襲固山卓哩克圖貝子允丹該嚕布見續表

八次襲
允丹該
嚕布
吉禮克喇
錫之繼子

嘉慶二十

五年襲

附固山貝子

初封本巴什希至第八次仍襲固山貝子阿迪雅見續表

八次襲	九次襲
阿迪雅	沙喇布
喇什那穆扎勒之子嘉慶九年襲道光三	功額阿迪雅之子道光三十年襲

十年卒

附鎮國公

初封薩瑪第至第七次仍襲鎮國公貢桑見續表

七次襲
貢桑 噶勒桑車凌之子道光二十年襲

鄂爾多斯部伊克昭盟

扎薩克多羅郡王

初封額琳臣至第十一次仍襲扎薩克多羅郡王圖們濟爾噶勒見續表

十一次襲

圖們濟爾噶勒巴保多爾濟之子道

光十八年

襲

附

二等台吉

初封輔國公色布騰諾爾布至第四次

降襲二等台吉當蘇隆多爾濟見續表

四次襲
當蘇隆多爾濟 丹津多爾濟之長子嘉慶四年

降襲二等
台吉

扎薩克多羅貝勒

初封善丹至第八次仍襲扎薩克多羅貝勒貢藏喇布坦扎木素見續表

八次襲	九次襲
貢藏喇	額爾德
布坦扎	呢綽克
木素	圖
索諾木喇	貢藏喇布
布齊根敦	坦扎木素

之子道光十八年襲咸豐元年卒

嗣子咸豐三年襲

扎薩克固山貝子

初封扎薩克鎮國公小扎木素自晉襲固山貝子後至第十一次仍襲扎薩克固山貝子敬密特多布扎勒見續表

十一次襲敬密特多布扎勒

端多布色

楞之子道
光二十一
年襲

扎薩克固山貝子

初封沙克雅至第七次仍襲扎薩克固山貝子達什多爾濟見續表

七次襲

達什多爾濟

丞龍多爾濟之子道光八年襲

扎薩克固山貝子

初封額琳沁至第九次仍襲扎薩克固山貝子巴達爾呼見續表

九次襲巴達爾呼

桑寨旺沁之子道光九年襲

扎薩克固山貝子

初封色楞至第七次仍襲扎薩克固山貝子察克都爾色楞見續表

七次襲	八次襲
察克都爾色楞額爾德尼桑之子道光元年襲	扎那吉爾迪察克都爾色楞之子咸豐二年

咸豐二年　襲

卒

扎薩克一等台吉

初授定咱喇什至第五次仍襲扎薩克一等台吉恩克巴雅爾見續表

五次襲

恩克巴

雅爾

色楞德濟

特之子道

光十八年

襲

欽定續纂外藩蒙古回部王公表卷之五目錄

喀爾喀土謝圖汗部 汗阿林盟

土謝圖汗

扎薩克多羅郡王

扎薩克固山貝子

扎薩克和碩親王

附一等台吉

扎薩克多羅郡王

扎薩克一等台吉

扎薩克輔國公

扎薩克輔國公

公品級扎薩克一等台吉

扎薩克鎮國公

扎薩克輔國公

扎薩克輔國公

扎薩克輔國公

扎薩克一等台吉

扎薩克一等台吉

扎薩克一等台吉

扎薩克一等台吉

扎薩克一等台吉

扎薩克一等台吉

扎薩克一等台吉

扎薩克一等台吉

扎薩克一等台吉

扎薩克一等台吉

扎薩克一等台吉

扎薩克一等台吉

扎薩克一等台吉

扎薩克一等台吉

欽定續纂外藩蒙古回部王公表卷之五

表第五

喀爾喀土謝圖汗部 汗阿林盟

土謝圖汗

初封察琿多爾濟至第十二次仍襲土謝圖汗車林多爾濟見續表

十二次襲

車林多

爾濟

雅克蘇泰之
弟道光十七
[illegible]年襲[illegible]
[illegible]

欽定續纂外藩蒙古回部王公表

扎薩克多羅郡王

初封固嚕什喜至第八次仍襲扎薩克多羅郡王喇素隴巴咱爾見續表

八次襲

喇素隴

巴咱爾

達克丹多

爾濟之子

道光七年

襲

扎薩克固山貝子

初封扎薩克多羅郡王噶勒丹多爾濟自降襲固山貝子後至第八次仍襲扎薩克固山貝子德勒克多爾濟見續表

八次襲

德勒克多爾濟

綸布多爾濟之子道

光十二年

襲

扎薩克和碩親王

初封扎薩克多羅貝勒車木楚克納木扎勒自晉襲和碩親王後至第六次仍襲扎薩克和碩親王額林沁多爾濟見續表

六次襲	七次襲
額林沁	車林多
多爾濟	爾濟
車登多爾	額林沁多
濟之子	爾濟之子

道光十八年襲咸豐四年因病開缺

咸豐四年襲

附 一等台吉

初封公品級一等台吉三濟扎布至第二次停襲公品級襲一等台吉貢楚克達什

見續表

二次襲

貢楚克達什

三都布多爾濟之子

嘉慶十五年襲

扎薩克多羅郡王

初封扎薩克多羅貝勒西第什哩自晉襲郡王後至第五次仍襲扎薩克多羅郡王

那遜巴圖見續表

五次襲	六次襲
那遜巴圖多爾濟喇布坦之子	鄂特薩爾巴咱爾那遜巴圖

道光十九年襲三十年卒

之子道光三十年襲

扎薩克一等台吉

初封扎薩克固山貝子錫布推哈坦巴圖爾自晉襲多羅郡王降襲一等台吉後至第六次仍襲扎薩克一等台吉車林多爾濟見續表

六次襲車林多爾濟

依達木扎布之子嘉

慶二十年
襲

扎薩克輔國公

初封車淩巴勒至第五次仍襲扎薩克輔國公喇布丹多爾濟見續表

五次襲

喇布丹多爾濟

車林扎布之長子道光五年襲

扎薩克輔國公

初封巴海至第六次仍襲扎薩克輔國公達什多爾濟見續表

六次襲

達什多爾濟

三都布敏珠爾之子

道光十一

年表

公品級扎薩克一等台吉

初封扎薩克貝子品級輔國公三達克多爾濟一次襲扎薩克輔國公二次降襲公品級扎薩克一等台吉第三次仍襲公品級扎薩克一等台吉綳楚克多爾濟見續表

三次襲	四次襲
綳楚克	奇莫特
多爾濟	多爾濟
色楞多爾	綳楚克多

濟之長子嘉慶二十三年襲道光二十六年因病開缺

爾濟之子道光二十六年襲

扎薩克鎮國公

初授扎薩克一等台吉禮塔爾自晉襲固山貝子降襲鎮國公後至第五次仍襲扎薩克鎮國公巴勒達

爾多爾濟見續表

五次襲

巴勒達

爾多爾

濟

索諾木旺

楚克之子

道光十七

年襲

扎薩克輔國公

初授扎薩克一等台吉巴朗自晉襲輔國公後至第八次仍襲扎薩克輔國公當素隴多爾濟

見續表

八次襲	九次襲
當素隴多爾濟巴勒多爾濟之子道	車登多爾濟當素隴多爾濟之子

光二十一年襲三十年卒	道光三十年襲			

扎薩克輔國公

初授扎薩克一等台吉巴勒珠爾多爾濟

自晉襲輔國公後至第六次仍襲扎薩克

輔國公濟克濟特

多爾濟見續表

六次襲	七次襲
濟克濟	旺楚克
特多爾	察克都
濟	爾蘇倫
喇布丹多	濟克濟特

爾濟之弟道光十七年襲三十年卒

多爾濟之子道光三十年襲

扎薩克輔國公

初授扎薩克一等台吉辰丕勒多爾濟自晉襲輔國公後至第六次仍襲扎薩克輔國公達什多爾濟見續表

六次襲	七次襲
達什多爾濟和羅齊之胞弟道光	奈當蘇倫達什多爾濟之子道

九年襲二　光二十八

十八年卒　年襲

扎薩克一等台吉

初授車淩至第八次仍襲扎薩克一等台吉烏都木濟見續表

八次襲

烏都木濟

沙克都爾扎布之弟道光二十

三年襲

扎薩克一等台吉

初授車琳扎布至第五次仍襲扎薩克一等台吉車林端多布見續表

五次襲

車林端

多布

那木濟勒

多爾濟之

子道光二

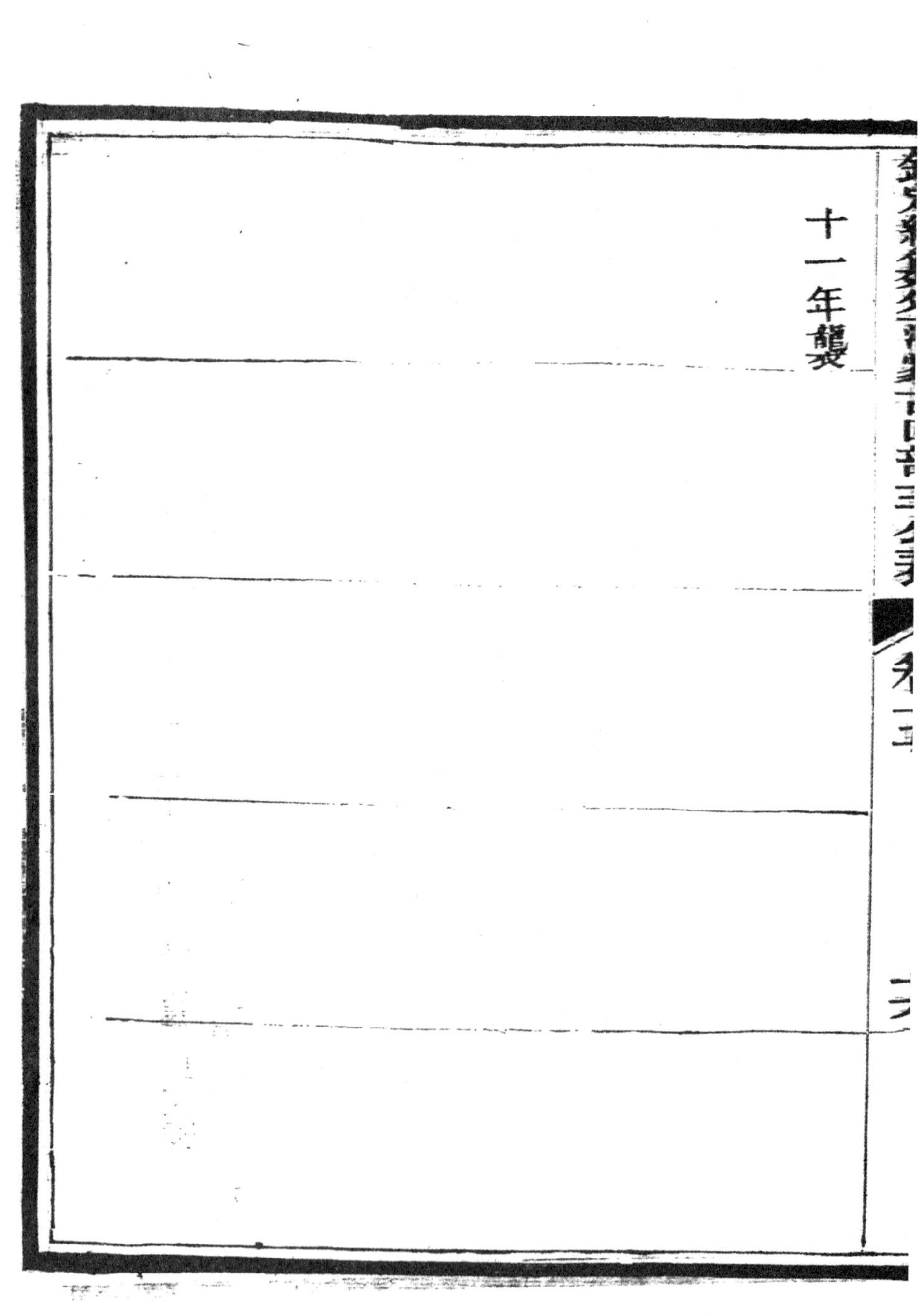

十一年襲

扎薩克一等台吉

初授齊旺多爾濟至第五次仍襲扎薩克一等台吉那木濟勒多爾濟見續表

五次襲那木濟勒多爾濟齊巴克扎布之孫嘉

慶十一年

襲

扎薩克一等台吉

初授開木楚克至第六次仍襲扎薩克一等台吉額淩多爾濟見續表

六次襲

額淩多爾濟

棟多布多爾濟之子

道光七年

襲

扎薩克一等台吉

初授成袞扎布至第六次仍襲扎薩克一等台吉喇特納什奇見續表

六次襲
喇特納
什奇
章楚布多
爾濟之子
道光十年

七次襲
額勒克
章端都
布郭瓦
楚瓦
喇特納什

襲三十年
卒

奇之子道
光三十年
襲

扎薩克一等台吉

初授朋素克喇布坦至第五次仍襲扎薩克一等台吉嘎木丕勒多爾濟見續表

五次襲

嘎木丕

勒多爾

濟

固嚕扎布

之長子嘉

慶二十三
年襲

扎薩克一等台吉

初授遜篤布至第四次仍襲扎薩克一等台吉巴勒當棍布見續表

四次襲	五次襲
巴勒當棍布	達爾瑪僧格
旺沁多爾濟之胞弟道光廿八年	巴勒當棍布之子咸豐三年襲

襲咸豐三
年卒

欽定續纂外藩蒙古回部王公表卷之六目錄

喀爾喀車臣汗部克魯倫巴爾斯霍坦盟

車臣汗

附輔國公

扎薩克和碩親王

扎薩克多羅郡王

附多羅貝勒貝子

扎薩克多羅貝勒

扎薩克固山貝子

扎薩克固山貝子

扎薩克輔國公

扎薩克一等台吉

附鎮國公

扎薩克鎮國公

扎薩克輔國公

扎薩克一等台吉

扎薩克一等台吉

公品級扎薩克一等台吉

扎薩克一等台吉

扎薩克一等台吉

扎薩克一等台吉

扎薩克一等台吉

扎薩克一等台吉

扎薩克一等台吉

扎薩克一等台吉

扎薩克一等台吉

扎薩克一等台吉

扎薩克一等台吉

欽定續纂外藩蒙古回部王公表卷之六

表第六

喀爾喀車臣汗部 克魯倫巴爾斯霍坦盟

車臣汗

初封烏默客至第十二次仍襲車臣汗阿爾塔錫達見續表

十二次襲

阿爾塔

錫達

恩克圖魯
之子嘉慶
二十二年
襲

附輔國公

初封三濟扎布至第四次仍襲輔國公巴圖圖魯見續表

四次襲

巴圖圖魯

車登扎布之子嘉慶十六年襲

扎薩克和碩親王

初封扎薩克多羅郡王納木扎勒自晉襲和碩親王後至第七次仍襲扎薩克和碩親王車林多爾濟見續表

七次襲

車林多爾濟

瑪呢巴咱爾之子道

光五年襲

扎薩克多羅郡王

初封朋素克至第七次仍襲扎薩克多羅郡王托克托瑚圖魯見續表

七次襲

托克托瑚圖魯

巴圖鄂齊爾之長子

道光元年

襲

附多羅貝勒

初封多羅郡王貢格三丕勒自降襲貝勒後至第四次仍襲多羅貝勒幹當當準車林見續表

四次襲

幹當當準車林

索諾木多布沁之子

道光二十
二年襲

扎薩克多羅貝勒

初封車布登至第五次仍襲扎薩克多羅貝勒貢楚克扎布見續表

五次襲

貢楚克

扎布

那木濟勒

多爾濟之

子道光二

十三年襲

扎薩克固山貝子

初封扎薩克多羅貝勒布達扎布自降襲固山貝子後至第六次仍襲扎薩克固山貝子朋楚克多爾濟見續表

六次襲	七次襲
朋楚克多爾濟	德濟特多爾濟
雅多布齊旺之胞弟	朋楚克多爾濟之子

嘉慶十五	道光二十
年襲道光	七年襲
二十七年	
卒	

扎薩克固山貝子

初封達哩至第七次仍襲扎薩克固山貝子敏珠爾多爾濟見續表

七次襲

敏珠爾

多爾濟

蘊端巴雅

爾之子道

光十五年

扎薩克輔國公

初封扎薩克固山貝子車布登自降襲輔國公後至第六次仍襲扎薩克輔國公棍布扎布

見續表

六次襲	七次襲	八次襲
棍布扎布	貢楚克車林	成里克多爾濟
僧格多爾濟之子道	棍布扎布之子道光	貢楚克車林之弟咸

光元年襲
二十九年
豐五年襲

二十九年
襲咸豐五

卒
年卒無嗣

弟成里克

多爾濟襲

扎薩克一等台吉

初封扎薩克固山貝子阿南達自降襲一等台吉後至第七次仍襲扎薩克一等台吉敏珠爾多爾濟見續表

七次襲
敏珠爾多爾濟
車登多爾濟之次子

八次襲
伊特興諾爾布
敏珠爾多爾濟之弟

嘉慶十一年襲道光二十七年卒無嗣弟伊特興諾爾布襲	道光二十七年襲

附鎮國公

初封旺沁扎布第一次仍襲

鎮國公垂準扎布見續表

一次襲

垂準扎布

旺沁扎布之子乾隆四十八年

襲

扎薩克鎮國公

初封車布登至第七次仍襲扎薩克鎮國公額爾德尼托克塔噶勒見續表

七次襲

額爾德尼托克塔噶勒

索諾木達爾佳之弟

道光二十

四年襲

扎薩克輔國公

初封車淩旺布至第三次仍襲扎薩克輔國公齊旺多爾濟見續表

三次襲	四次襲
齊旺多爾濟	棍布扎布
袞楚克多爾濟之子	齊旺多爾濟之子
乾隆五十	道光二十七

九年襲道光二十七年卒

年襲

扎薩克一等台吉

初封扎薩克輔國公車淩達什自降襲一等台吉後至第七次仍襲扎薩克一等台吉藍準多布坦

多爾濟見續表

七次襲
藍準多
布坦多
爾濟
那木濟勒

多爾濟之
子道光十
六年襲

扎薩克一等台吉

初封扎薩克輔國公車凌多岳特自降襲一等台吉後至第五次仍襲扎薩克一等台吉都噶爾車木布勒見續表

五次襲	六次襲
都噶爾	奇達爾
車木布	巴喇
勒	都噶爾車
車都布多	木布勒之

爾濟老子。道光十八年襲。二十七年卒。

子。道光二十七年襲。

公品級扎薩克一等台吉

初授扎薩克一等台吉多爾濟達什自晉
襲公品級後至第五次仍襲公品級扎薩
克一等台吉瑪
哈蘇噶見續表

五次襲

瑪哈蘇噶

薩爾達巴達喇之長

子道光九

年襲

扎薩克一等台吉

初授固嚕扎布至第六次仍襲扎薩克
一等台吉濟克默特多爾濟見續表

六次襲濟克默特多爾濟 德木楚克多爾濟之

從弟道光
五年襲

扎薩克一等台吉

初授色楞達什至第五次仍襲扎薩克一等台吉車林達什見續表

五次襲

車林達

什

扎木薩朗

扎布之長

子嘉慶九

年襲

扎薩克一等台吉

初授棍楚克至第七次仍襲扎薩克一等台吉達爾瑪扎布見續表

七次襲

達爾瑪扎布

扎木薩蘭

扎布之長子道光五

年襲
欽定續纂外藩蒙古回部王公表
卷二八
十五

扎薩克一等台吉

初授韶賚至第六次仍襲扎薩克一等台吉喇布丹多爾濟見續表

六次襲

喇布丹多爾濟當蘇隴扎布之長子嘉慶二十

三年襲

扎薩克一等台吉

初授羅卜藏至第八次仍襲扎薩克一等台吉布揚德勒格爾見續表

八次襲	九次襲
布揚德勒格爾	㮇約特多爾濟
車登噶瓦之子道光二十三年	布揚德勒格爾之子咸豐四年

襲咸豐四年卒

襲

扎薩克一等台吉

初授垂扎木素至第七次仍襲扎薩克一等台吉杜喇木扎布見續表

七次襲

杜喇木

扎布

桑都布多

丁濟之子

道光十八年襲

年襲

乾隆十八 [illegible]

扎薩克一等台吉

[illegible]

[illegible]

扎薩克一等台吉

初授額爾德尼至第七次仍襲扎薩克一等台吉巴雅爾錫達見續表

七次襲

巴雅爾

錫達

達木丹車

凌之長子

道光九年

扎薩克一等台吉

初授根敦至第六次仍襲扎薩克一等台吉車林端多布見續表

六次襲
車林端
多布
綳楚克多
爾濟之子
道光二十

三年襲

扎薩克一等台吉

初授吹音珠爾至第七次仍襲扎薩克一等台吉棍布扎布見續表

七次襲棍布扎布

車楞多爾濟之子道光五年襲

扎薩克一等台吉

初授旺扎勒扎布至第五次仍襲扎薩克一等台吉貢噶爾扎布見續表

五次襲

貢噶爾扎布

袞布扎布之子道光三年襲

欽定續纂外藩蒙古回部王公表卷之七目錄

喀爾喀扎薩克圖汗部 扎克畢賚色欽畢都哩業諾爾盟

扎薩克圖汗兼多羅郡王

附 公品級三等台吉

郡王品級扎薩克多羅貝勒

扎薩克鎮國公

扎薩克輔國公

扎薩克輔國公

扎薩克輔國公

扎薩克輔國公

附輔國公

扎薩克輔國公

扎薩克輔國公

扎薩克鎮國公

扎薩克一等台吉

扎薩克一等台吉

附輔國公

扎薩克一等台吉

扎薩克一等台吉

扎薩克一等台吉

扎薩克一等台吉

扎薩克一等台吉

扎薩克一等台吉

附厄魯特扎薩克一等台吉

欽定續纂外藩蒙古回部王公表卷之七

表第七

喀爾喀扎薩克圖汗部扎克畢賚色欽畢都哩業諾爾盟

扎薩克圖汗兼多羅郡王

初封扎薩克多羅郡王朋素克喇布坦自襲扎薩克圖汗兼多羅郡王後至第六次仍襲扎薩克圖汗兼多羅郡王車林端多布見續表

六次襲

車林端

多布

瑪呢巴雜

爾之子道

光二十年

襲

附

公品級三等台吉

初封輔國公格色克自降襲公品級三等台吉後至第三次仍襲公品級三等台吉

阿毓爾扎那見續表

三次襲

阿毓爾扎那

斡珠爾扎布之孫道

光十五年襲

郡王品級扎薩克多羅貝勒

初封扎薩克多羅貝勒根敦自晉襲郡王品級後至第七次仍襲郡王品級扎薩克多羅貝勒曼達爾瓦見續表

七次襲
曼達爾瓦
成敦扎布之子嘉慶

八次襲
多布濟扎木楚
曼達爾瓦之子咸豐

十九年襲 咸豐四年 卒	四年襲			

扎薩克鎮國公

初封扎薩克多羅貝勒卓特巴自降襲鎮國公後至第七次仍襲扎薩克鎮國公剛當多爾濟

見續表

七次襲

剛當多爾濟

扎木薩琳

扎布之子

嘉慶二十

三年襲

扎薩克輔國公

初封扎薩克固山貝子博貝自降襲輔國公後至第五次仍襲扎薩克輔國公旺丹多爾濟見續表

五次襲旺丹多爾濟
達布喇車林之次子

六次襲濟克默特多爾濟
旺丹多爾

道光六年襲二十九年卒

濟之子道光二十九年襲

扎薩克輔國公

初封索諾木伊斯扎布至第六次仍襲扎薩克輔國公車登端多布多爾濟見續表

六次襲 | 車登端 | 多布多 | 爾濟 | 桑都布多 | 爾濟之子

道光二十

二年襲

扎薩克輔國公

初封袞占至第六次仍襲扎薩克輔國公薩達巴雅爾見續表

六次襲

薩達巴雅爾

齊旺達什之子道光十四年襲

扎薩克輔國公

初封通謨克至第四次仍襲扎薩克輔國公索諾木車淩見續表

四次襲索諾木車淩車登多爾濟之子嘉慶十六年

五次襲達什喇布坦索諾木車淩之子咸豐四年襲

襲咸豐四
年卒

附
輔國公
初封徹呼克至第五次仍襲輔
國公章達喇密濟特見續表

五次襲
章達喇
密濟特
當素嚨之
子道光二
十四年襲

欽定續纂外藩蒙古回部王公表
卷十
九

扎薩克輔國公

初封沙克扎至第三次仍襲扎薩克輔國公沙克都爾扎布見續表

三次襲	四次襲
沙克都爾扎布	多爾濟扎布
車都布之子嘉慶八年襲道光	沙克都爾扎布之子道光二十

二十八年　八年襲

因病開缺

扎薩克輔國公

初封輔國公齊巴克扎布自授扎薩克後至第三次仍襲扎薩克輔國公扎穆巴喇見續表

三次襲	四次襲
扎穆巴喇	貢格多爾濟
吹蘇嚨之長子嘉慶	扎穆巴喇之子咸豐

十三年襲　四年襲

咸豐四年

卒

扎薩克鎮國公

初封公品級扎薩克一等台吉喇布坦自晉襲鎮國公後至第三次仍襲扎薩克鎮國公噶勒桑端多布見續表

三次襲

噶勒桑

端多布

雲端達什

之子道光

十二年襲

扎薩克一等台吉

初授額爾德尼袞布至第八次仍襲扎薩克一等台吉莽濟巴雅爾見續表

八次襲莽濟巴雅爾蘊端多爾濟之子道光十二年

襲

扎薩克一等台吉

初授烏爾占至第七次仍襲扎薩克一等台吉桑濤濟蘇嚨見續表

七次襲桑濤濟蘇嚨車淩多爾濟之子道光二十五

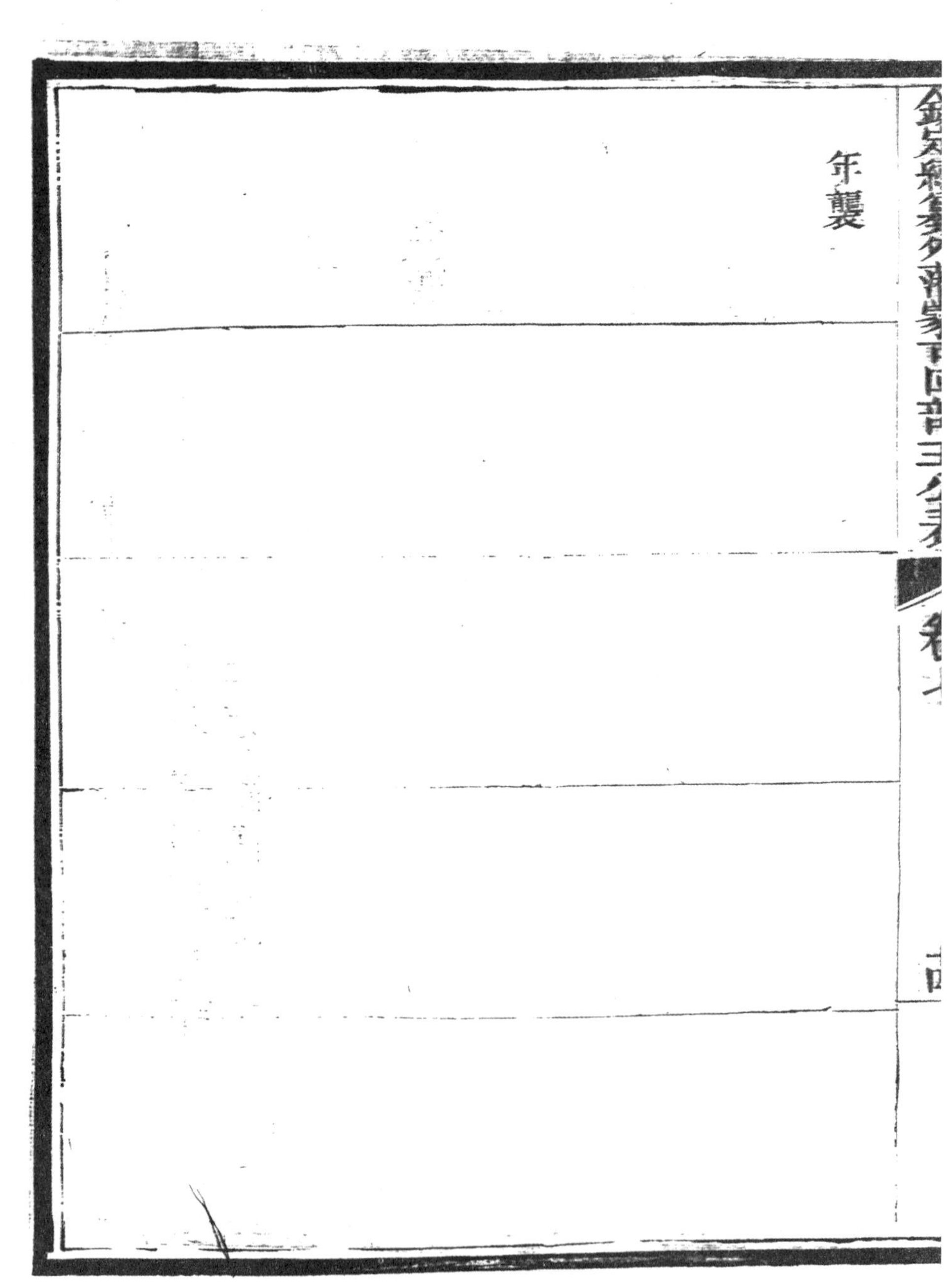

年襲

附輔國公

初封袞布扎布至第五次仍
襲輔國公哈斯車林見續表

五次襲
哈斯車
林
納木濟勒
多爾濟之
子道光十

二年襲

扎薩克一等台吉

初授哈瑪爾岱青至第五次仍襲扎薩克一等台吉都喇木扎布見續表

五次襲

都喇木扎布

丹巴達爾濟之子嘉慶二十四

六次襲

達克丹多爾濟

都喇木扎布之弟咸豐元年襲

年襲咸豐元年卒無嗣弟達克丹多爾濟襲

扎薩克一等台吉

初授納瑪琳藏布至第七次仍襲扎薩克一等台吉噶勒當袞多布見續表

七次襲	八次襲
噶勒當袞多布	瑪克蘇爾扎布
齊素嚨多爾濟之子	噶勒當袞多布之子
嘉慶十三	道光二十

年襲道光二十七年卒	七年襲

扎薩克一等台吉

初授伊達木扎布至第四次仍襲扎薩克一等台吉額林沁丕勒見續表

四次襲

額林沁

丕勒

巴噶圖爾

之孫道光

七年襲

扎薩克一等台吉

初授達什朋楚克至第三次仍襲扎薩克一等台吉垂恭楚克達什見續表

三次襲
垂恭楚
克達什
濟克默特
車布登之
子道光元

欽定續纂外藩蒙古回部王公表 卷二

年襲

扎薩克一等台吉

初授普爾普車淩至第六次仍襲扎薩克一等台吉諾爾布扎勒見續表

六次襲諾爾布扎勒塔爾巴海之長子嘉慶二十五

七次襲斡克德勒格楞桂諾爾布扎勒之子道

年襲道光二十八年卒	光二十八年襲

扎薩克一等台吉

初授諾爾布至第三次仍襲扎薩克一等台吉齊旺扎布見續表

三次襲齊旺扎布

齊松扎布之長子嘉慶二十三

四次襲拜扎把扎爾扎布

齊旺扎布之子咸豐

年襲咸豐	二年卒	
二年襲		

附厄魯特扎薩克一等台吉

初授一等台吉噶勒丹達爾扎自授扎薩克後至第三次仍襲扎薩克一等台吉喇旺班珠爾見續表

三次襲	四次襲
喇旺班珠爾	達木丹
薩木丕勒	瓦齊爾 喇旺班珠之
諾爾布之	爾之子道

子嘉慶十二年襲道光三十年卒	光三十年襲

欽定續纂外藩蒙古回部王公表卷之八目錄

喀爾喀賽因諾顏部 齊齊爾里克盟

扎薩克和碩親王兼襲賽因諾顏爵號

附鎮國公

附一等台吉

扎薩克和碩親王

附固山貝子

附輔國公

附輔國公

扎薩克多羅郡王

扎薩克多羅貝勒

扎薩克多羅郡王

扎薩克多羅貝勒

扎薩克輔國公

扎薩克輔國公

扎薩克輔國公

扎薩克輔國公

公品級扎薩克一等台吉

扎薩克鎮國公

附輔國公

扎薩克輔國公

扎薩克一等台吉

扎薩克一等台吉

扎薩克一等台吉

附輔國公

扎薩克一等台吉

扎薩克一等台吉

扎薩克一等台吉

附公品級三等台吉

扎薩克一等台吉

扎薩克一等台吉

扎薩克一等台吉

附 厄魯特扎薩克固山貝子

附 厄魯特扎薩克固山貝子

阿拉善厄魯特部

扎薩克和碩親王

附 公品級一等台吉

附 鎮國公

附 鎮國公

欽定續纂外藩蒙古回部王公表卷之八

表第八

喀爾喀賽因諾顏部 齊齊爾里克盟

扎薩克和碩親王兼襲賽因諾顏爵號

初封扎薩克和碩親王善巴自兼襲賽因諾顏後至第八次仍襲扎薩克和碩親王兼賽因諾顏車林多爾濟見續表

八次襲
車林多

九次襲
德木吹

爾濟朋楚克達什之子嘉慶二十二年襲咸豐三年卒

車林多爾濟之子咸豐三年襲

附 鎮國公

初封固山貝子諸爾布扎布自降襲鎮國公後至第四次仍襲鎮國公扎納扎布見續表

四次襲	五次襲
扎納扎布朋楚克達什之長子	車林端多布扎納扎布之子道光

嘉慶八年襲道光二十九年卒	二十九年襲	
輔國公		

附一等台吉

初授公品級一等台吉三丕勒多爾濟至第三次停襲公品級第四次仍襲一等台吉喇特那希迪見續表

四次襲

喇特那希迪

滾布之子

道光二十

五年襲

一等台吉

扎薩克和碩親王

初封策淩至第四次仍襲扎薩克和碩親王車登巴咱爾見續表

襲次	名	事蹟
四次襲	車登巴咱爾	巴彥濟爾噶勒之子嘉慶二十
五次襲	達爾瑪	車登巴咱爾之子咸豐二年襲

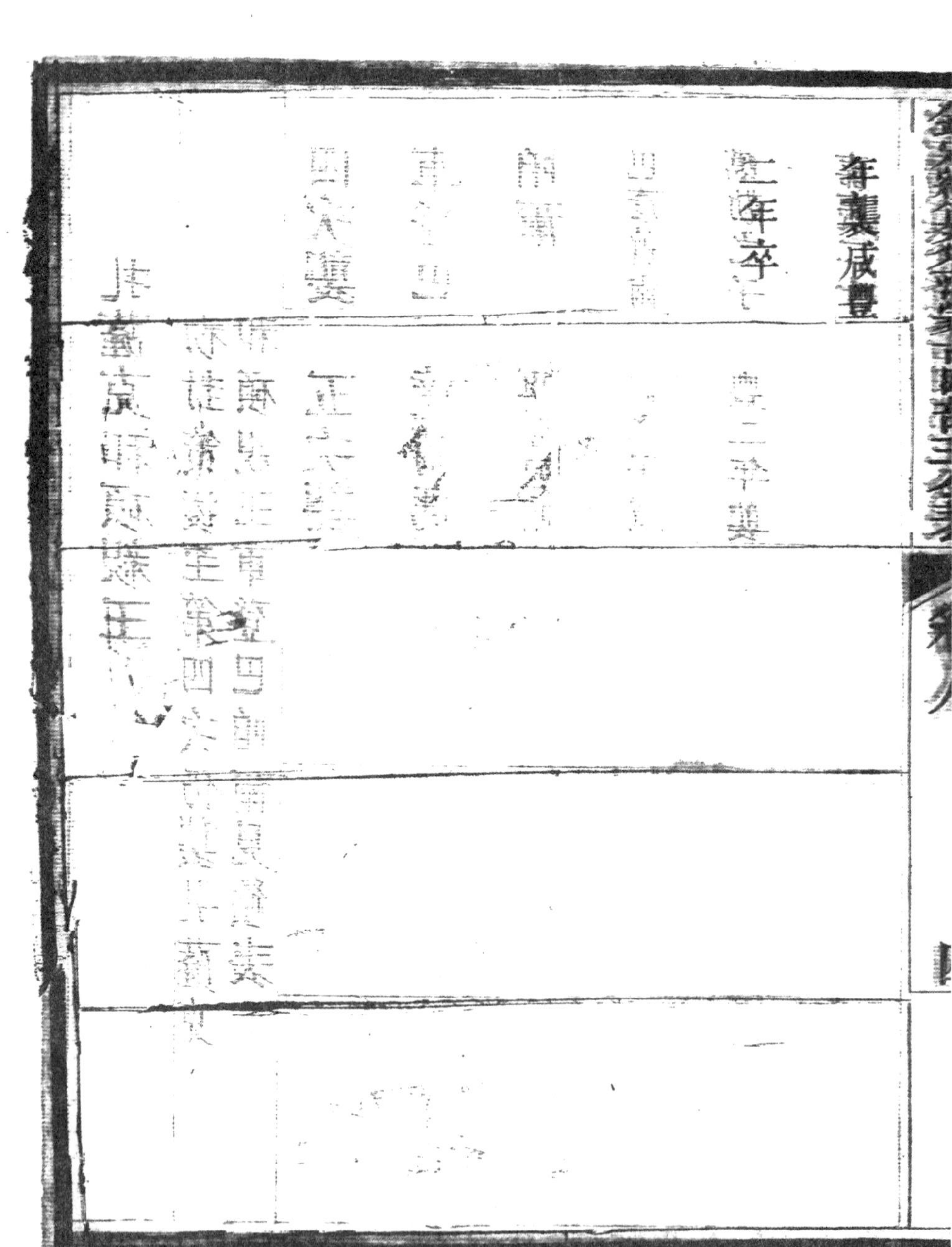

附

固山貝子

初封多羅貝勒貢格喇布坦自降襲固山貝子後至第五次仍襲固山貝子巴勒多爾濟見

續表

五次襲	六次襲
巴勒多爾濟	津巴里克什特
巴勒珠爾謚都布之	巴勒多爾濟之子道

子嘉慶二十三年襲道光二十九年卒
光二十九年襲

附輔國公

初封額爾克沙喇至第五次仍襲輔國公密濟特多爾濟見續表

五次襲

密濟特多爾濟

布呢達哩之子道光二十四年

附
輔國公

初封佛保至第三次仍襲輔
國公桑都克多爾濟見續表

三次襲桑都克多爾濟格哩克敦多布之子嘉慶二十

四次襲濟克濟特瓦齊爾桑都克多爾濟之子

三年襲道光三十年因病開缺	道光三十年襲			

扎薩克多羅郡王

初封車布登扎布至第五次仍襲扎薩克多羅郡王達爾瑪巴咱爾見續表

五次襲達爾瑪巴咱爾車林棍布之子道光十七年襲	六次襲桑噶什里達爾瑪巴咱爾之弟咸豐四年

咸豐四年	襲
卒無嗣弟	
桑噶什里	
襲	

扎薩克多羅貝勒

初封扎薩克多羅郡王袞布自降襲貝勒後至第七次仍襲扎薩克多羅貝勒濟木丕勒多爾濟見續表

七次襲

濟木丕

勒多爾

濟

貢楚克扎

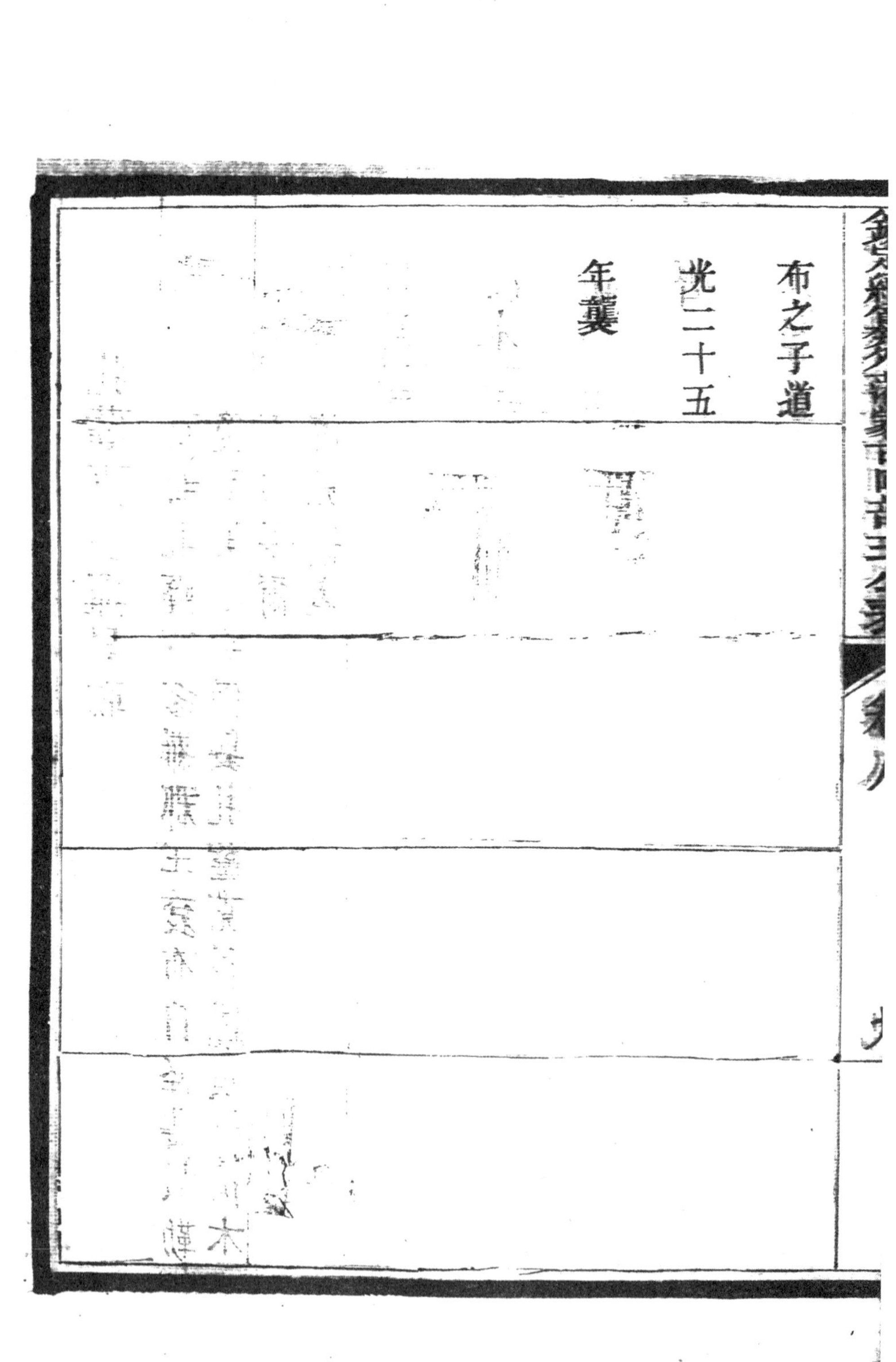

布之子道光二十五年襲

扎薩克多羅郡王

初封扎薩克鎮國公托多額爾德尼自晉
襲多羅郡王後至第七次仍襲扎薩克多
羅郡王圖克濟
扎布見續表

七次襲
圖克濟
扎布
德木楚克
扎布之子

八次襲
洞古爾
扎布
圖克濟扎
布之子道

道光十一年襲二十九年卒

光二十九年襲

扎薩克多羅貝勒

初封扎薩克鎮國公素泰伊勒登自晉襲多羅貝勒後至第九次仍襲扎薩克多羅貝勒西林巴扎爾扎布見續表

九次襲

西林巴扎爾扎布

那木濟爾

多爾濟之
子道光二
十五年襲

扎薩克輔國公

初封旺舒克至第六次仍襲扎薩克輔國公扎木薩琳扎布見續表

六次襲	七次襲
扎木薩琳扎布齊旺扎布之族姪嘉慶十六年	喇布丹多爾濟扎木薩琳扎布之孫道光八年

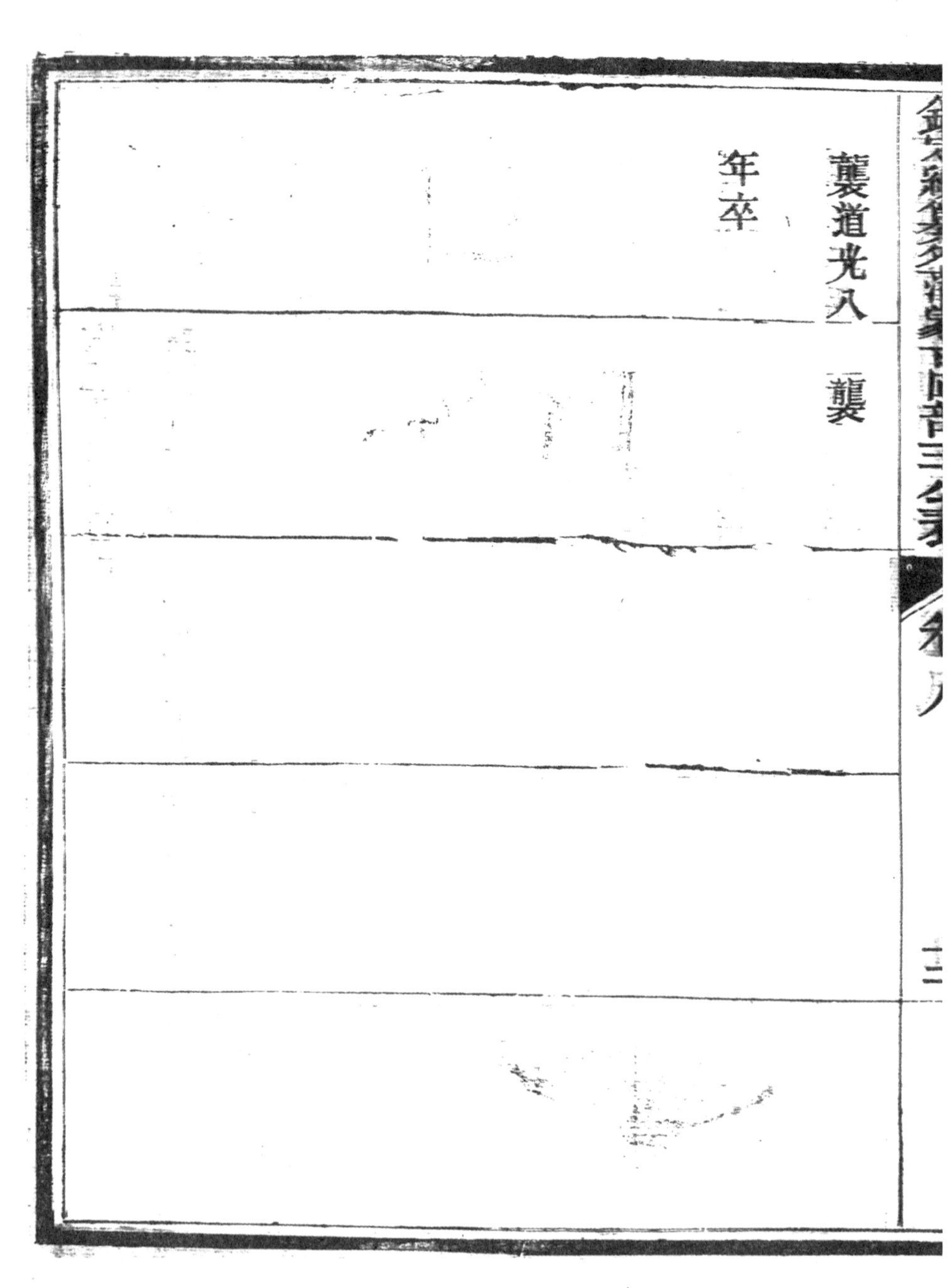

襲道光八年卒

襲

扎薩克輔國公

初封阿玉什至第八次仍襲扎薩克輔國公班丹扎布見續表

八次襲班丹扎布達什德勒克之子道光六年襲

九次襲濟克濟特多爾濟班丹扎布之子道光

二十七年
卒

二十七年
襲

扎薩克輔國公
初封車淩達什至第九次仍襲扎薩克輔國公珠爾默特旺濟勒見續表
九次襲珠爾默特旺濟勒達錫喇布坦之子道
十次襲達爾瑪巴咱爾珠爾默特旺濟勒之子咸豐五

光七五年

襲咸豐五

年卒

年襲

扎薩克輔國公

初封諾爾布扎布至第四次仍襲

扎薩克輔國公固魯色特見續表

四次襲

固魯色

特

索勒木巴

勒珠爾多

爾濟之子

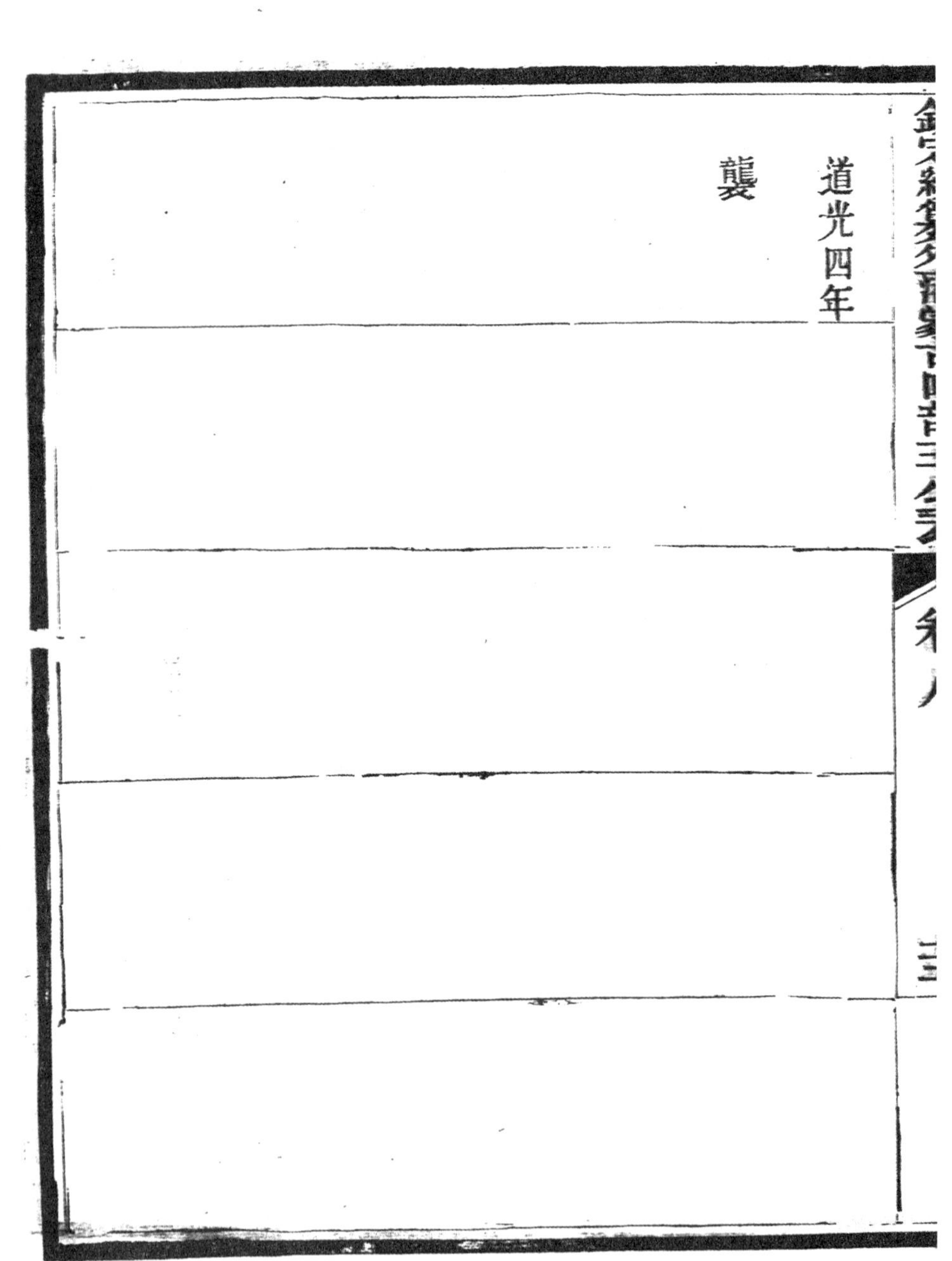

道光四年

襲

公品級扎薩克一等台吉

初授扎薩克一等台吉齊旺多爾濟自晉

襲公品級後至第四次仍襲公品級扎薩

克一等台吉達木

定扎布見續表

四次襲	
達木定	
扎布	
鄂依多布	
多爾濟之	

子道光二

十三年襲

扎薩克鎮國公

初授扎薩克一等台吉阿里雅自晉襲鎮國公後至第六次仍襲扎薩克鎮國公車登扎布

見續表

六次襲

車登扎布

巴勒沁之[illegible]道光五

附輔國公

初封多爾濟至第三次仍襲輔國公扎沖見續表

三次襲	四次襲
扎沖	車登扎布
多布沁之兄道光五年襲咸豐三年卒	扎沖之子咸豐三年襲

扎薩克輔國公

初授扎薩克一等台吉西第自晉襲輔國公後至第七次仍襲扎薩克輔國公喇旺多爾濟

見續表

七次襲

喇旺多爾濟

達喇扎布

之子道光

欽定續纂外藩蒙古回部王公表　卷八

十二年襲

扎薩克一等台吉

初授丹津額爾德尼至第九次仍襲扎薩克一等台吉阿巴爾彌特見續表

九次襲阿巴爾彌特

達瑪林扎布之姪道光十三年

襲

扎薩克一等台吉

初授薩木濟特至第四次仍襲扎薩克一等台吉多爾濟扎布見續表

四次襲	多爾濟	扎布	車登扎布	之子乾隆	四十七年
五次襲	羅布桑	車林	多爾濟扎	布之子道	光二十六
六次襲	烏勒哲	依巴達	爾呼淩	呼	羅布桑車

襲道光二十六年卒	年襲咸豐二年卒	林之子咸豐二年襲		

扎薩克一等台吉

初授伊達木至第五次仍襲扎薩克一等台吉巴雅爾見續表

五次襲	六次襲
巴雅爾	圖克密特
巴勒桑敏珠爾之子	巴雅爾之子
乾隆五十九年襲卒	咸豐元年襲

豐元年辛

附輔國公

初封袞布車凌至第四次仍襲

輔國公德勒克達什見續表

四次襲德勒克達什齊旺達什之子嘉慶十九年襲

輔國公[illegible]克薩[illegible]

[illegible]

輔國公

扎薩克一等台吉

初授納木扎勒至第五次仍襲扎薩克一等台吉格濟巴勒見續表

五次襲

格濟巴勒

旺濟勒三

丕勒之子

道光二年

襲

扎薩克一等台吉

初授沙嚕伊勒都齊至第五次仍襲

扎薩克一等台吉巴達爾見續表

五次襲

巴達爾

薩木丕勒

多爾濟之

從孫道光

二十四年

扎薩克一等台吉

初授素達尼至第七次仍襲扎薩克一等台吉扎木巴喇見續表

七次襲	八次襲
扎木巴喇	車登丕勒濟雅
貢楚克扎布之子道光十九年	扎木巴喇之姪道光二十七年

襲二十七
年卒無嗣
姪車登丕
勒濟雅襲

襲

附公品級三等台吉

初授噶瓦至第三次仍襲公品級三等台吉車淩桑魯布見續表

三次襲車淩桑魯布旺丕勒之子道光三年襲

扎薩克一等台吉

初授納彌達至第五次仍襲扎薩克一等台吉噶勒桑多爾濟見續表

五次襲	六次襲	七次襲
噶勒桑多爾濟	章楚布多爾濟	額林多爾濟
棍布多爾濟之子道光二十五	噶勒桑多爾濟之兄咸豐元年	章楚布多爾濟之子咸豐二年

年襲咸豐元年卒無嗣兄章楚布多爾濟襲

襲二年卒

襲

扎薩克一等台吉

初授多爾濟至第九次仍襲扎薩克一等台吉布彥濟爾噶勒見續表

九次襲 布彥濟爾噶勒 車林之弟道光十二年襲	

扎薩克一等台吉

初授額墨根至第四次仍襲扎薩克一等台吉布木達爾見續表

四次襲

布木達爾

哈斯巴哨爾之子道光十九年

襲

附

厄魯特扎薩克固山貝子

初封厄魯特扎薩克多羅郡王阿喇布坦

自降襲固山貝子後至第八次仍襲扎薩

克固山貝子查克

達爾扎勒見續表

八次襲 查克達爾扎勒 多爾齊巴勒之從弟			

嘉慶二十
二年襲

附 厄魯特扎薩克固山貝子

初封厄魯特扎薩克輔國公丹濟喇自晉襲固山貝子後至第八次仍襲扎薩克固山貝子車都布多爾濟見續表

八次襲

車都布多爾濟

貢格多爾濟之子道

光三十二

年襲

阿拉善厄魯特部

扎薩克和碩親王

初封扎薩克多羅貝勒和囉理自晉襲和碩親王後至第六次仍襲扎薩克和碩親王貢桑珠爾默特見續表

六次襲

貢桑珠

爾默特

囊都布素

隆之子道
光二十四
年襲

附公品級一等台吉

初授瑪哈巴喇至第二次仍襲公品級一等台吉布尼錫哩見續表

二次襲
布尼錫哩
雲敦策登之子道光十年襲

附

鎮國公

初封固山貝子袞布自降襲鎮國公後至第五次仍襲鎮國公德勒格爾布彥見續表

五次襲	六次襲
德勒格	沙克都
爾布彥	爾扎布
恭鳴喇之	德勒格爾
子嘉慶十	布彥之子

九年襲咸豐五年卒

咸豐五年襲

附鎮國公

初封輔國公玉木楚木自晉襲鎮國公後至第五次仍襲鎮國公普爾普見續表

五次襲	六次襲
普爾普	薩達布
多爾濟色布騰之子道光三年襲咸豐二	多爾濟普爾普之子咸豐三年襲

年卒

欽定續纂外藩蒙古回部王公表卷之九目錄

青海厄魯特部
扎薩克多羅郡王
扎薩克多羅郡王
扎薩克多羅貝勒
扎薩克多羅郡王
扎薩克多羅貝勒
扎薩克一等台吉

扎薩克固山貝子

扎薩克固山貝子

扎薩克一等台吉

扎薩克輔國公

扎薩克固山貝子

扎薩克輔國公

扎薩克輔國公

扎薩克輔國公

扎薩克一等台吉

扎薩克一等台吉

扎薩克一等台吉

扎薩克一等台吉

扎薩克一等台吉

扎薩克一等台吉

扎薩克一等台吉

扎薩克一等台吉

扎薩克一等台吉
扎薩克一等台吉
扎薩克一等台吉
扎薩克一等台吉
公中扎薩克一等台吉
公中扎薩克一等台吉

欽定續纂外藩蒙古回部王公表卷之九

表第九

青海厄魯特部

扎薩克多羅郡王

初封扎薩克和碩親王察罕丹津自降襲多羅郡王後至第五次仍襲扎薩克多羅郡王達什旺扎勒見續表

五次襲	六次襲
達什旺	春津

扎勒

達什旺扎勒之子道光三十年

達什忠鼐之子道光十三年襲

光三十年

十三年襲 二

三十年卒

襲

扎薩克多羅郡王

初封多羅郡王策旺喇布坦自授扎薩克後至第五次仍襲扎薩克多羅郡王車琳端多布見續表

五次襲	六次襲
車琳端多布	烏爾濟扎布
索諾木多爾濟之子	車琳端多布之子咸

嘉慶十三年襲咸豐四年卒

豐四年襲

扎薩克多羅貝勒

初封扎薩克多羅郡王色布騰扎勒自降襲貝勒後至第七次仍襲扎薩克多羅貝勒那木扎勒丹巴見續表

七次襲	八次襲
那木扎勒丹巴	拉旺多爾濟
德哩巴勒珠爾之子	那木扎勒丹巴之子

道光十八年襲咸豐五年因病開缺
咸豐五年襲

扎薩克多羅郡王

初封多羅貝勒阿啓巴圖爾袞布自晉襲扎薩克多羅郡王後至第七次仍襲扎薩克多羅郡王固木楚

克濟克默特見續表

七次襲

固木楚

克濟克

默特

沙克都爾

之子道光
三年襲

扎薩克多羅貝勒

初封多羅貝勒達顏自授扎薩克後至第八次仍襲扎薩克多羅貝勒羅布藏津巴

見續表

八次襲
羅布藏
津巴
車林諾爾
布之叔道

九次襲
崗藏楚
克多布
羅布藏津
巴之子咸

光十九年

襲咸豐五

年卒

豐五年襲

扎薩克一等台吉

初封多羅貝勒納木扎勒自降襲扎薩克一等台吉後至第五次仍襲扎薩克一等台吉達爾瑪錫哩見續表

五次襲	六次襲
達爾瑪錫哩	丞瀧
旺舒克之子道光九	達爾瑪錫哩堂叔咸豐五年襲

年襲咸豐
五年卒無
嗣堂叔永
瀧襲

扎薩克固山貝子

初封固山貝子車凌敦多布自授扎薩克

後至第五次仍襲扎薩克固山貝子伊達

木林沁

見續表

五次襲

伊達木

林沁

喇特那錫

第之子道

光二十三

年襲

扎薩克固山貝子

初封索諾木達什至第八次仍襲扎薩克固山貝子格勒克那木扎勒見續表

八次襲
格勒克那木扎勒
旺沁丹津之子嘉慶

九次襲
棍布車布登
格勒克那木扎勒之子咸豐三

十六年襲　年襲

咸豐三年

卒

扎薩克一等台吉

初封固山貝子羅卜藏達爾扎自降襲扎薩克一等台吉後至第八次仍襲扎薩克一等台吉喇木貢策

喇克扎勒見續表

八次襲

喇木貢

策喇克

扎勒

喇木棍策

勒謙之弟
道光十三
年襲

扎薩克輔國公

初封扎薩克鎮國公噶勒丹達什自降襲
輔國公後至第五次仍襲扎薩克輔國公

察哈巴克

見續表

五次襲
察哈巴
克
喇特那錫
第之子道

光三年襲

扎薩克固山貝子

初封扎薩克輔國公阿喇布坦自晉襲固山貝子後至第四次仍襲扎薩克固山貝子索諾木丕爾齊見續表

四次襲

索諾木

丕爾齊

喇特納西

第之子道

光十八年

襲

扎薩克輔國公

初封輔國公索諾木達什自授扎薩克後至第八次仍襲扎薩克輔國公吹達爾見

續表

八次襲

吹達爾

珠爾默特圖布登車淩之子道

光十八年

襲

扎薩克輔國公

初封車淩至第五次仍襲扎薩克輔國公達瑪林扎布見續表

五次襲	六次襲
達瑪林扎布	多爾濟色布登
格呼克喇布齋之子道光九年	達瑪林扎布之子道光三十年

襲	卒
三十年　襲	

扎薩克輔國公

初封貢格至第五次仍襲扎薩克輔國公多爾濟沙木見續表

五次襲

多爾濟

沙木

琳沁旺舒

克之子道

光二年襲

扎薩克一等台吉

初封扎薩克輔國公阿喇布坦扎木素自
降襲一等台吉後至第五次仍襲扎薩克
一等台吉達什
端多布見續表

五次襲
達什端
多布
旺濟勒多
爾濟車布

登之子道光二十三年襲

扎薩克一等台吉

初授達瑪琳色布騰至第四次仍襲

扎薩克一等台吉棍布扎布見續表

四次襲	五次襲
棍布扎布	察哈巴克
根敦扎布之子乾隆五十四年	棍布扎布之子咸豐四年襲

襲咸豐四年卒

扎薩克一等台吉

初授阿喇布坦至第四次仍襲扎薩克一等台吉端多布旺扎勒見續表

四次襲

端多布

旺扎勒

索諾木敏

珠爾之子

道光十年

襲

扎薩克一等台吉

初授哈爾噶斯至第五次仍襲扎薩克一等台吉濟克默特旺順見續表

五次襲

濟克默特旺順

恩克巴雅爾之子道光九年襲

六次襲

洞藏喀爾布

濟克默特旺順之弟道光二十

二十七年　七年襲

卒無嗣弟

洞藏喀爾

布襲

扎薩克一等台吉

初授扎布至第六次仍襲扎薩克一等台吉車布坦端多布見續表

六次襲

車布坦

端多布

端多布之子道光二十五年襲

扎薩克一等台吉

初授察汗喇布坦至第六次仍襲扎
薩克一等台吉袞布多爾濟見續表

六次襲
袞布多
爾濟
沙喇布提
理之子乾
隆五十六

年襲

扎薩克一等台吉

初授伊什多勒扎布至第七次仍襲扎薩克一等台吉巴木巴勒達什倫都布見續表

襲次	名	注
七次襲	巴木巴勒達什倫都布	旺沁端多
八次襲	林沁那木都勒	巴木巴勒達什倫都
九次襲	羅堆僧格	林沁那木都勒之子

布之子道光十年襲二十六年卒無嗣同族林沁那木都勒襲

布同族道光二十六年襲咸豐四年卒

咸豐四年襲

扎薩克一等台吉

初授色布騰博碩克圖至第五次仍襲

扎薩克一等台吉布彥達賴見續表

五次襲
布彥達
賴
格勒克喇
布坦之子
道光八年

襲

扎薩克一等台吉

初授索諾木喇布坦多爾濟至第六次仍襲扎薩克一等台吉端多布那木扎勒見

續表

六次襲

端多布

那木扎勒

多爾濟旺

濟勒之子 道光二十 一年襲

扎薩克一等台吉

初授羅布桑察罕至第五次仍襲扎薩克一等台吉達瑪林車淩見續表

五次襲

達瑪林

車淩

旺舒克之子道光九年襲

扎薩克一等台吉

初授達爾扎至第四次仍襲扎薩克一等台吉索諾木喇布坦見續表

四次襲
索諾木喇布坦
瑪濟克策楞之子道光十二年

襲

扎薩克一等台吉

初授丹忠至第四次仍襲扎薩克一等台吉喇布扎喇木楚克見續表

四次襲喇布扎喇木楚克羅布藏吹達爾之子

嘉慶十八

年襲

公中扎薩克一等台吉

初授車淩納木扎勒至第六次仍襲

公中扎薩克一等台吉旺沁見續表

六次襲 旺沁 恭藏之姪 道光十二 年襲咸豐 四年卒	七次襲 多布登 色爾扎 勒 旺沁之子 咸豐四年

襲

公中扎薩克一等台吉

初授達什敦多布至第三次仍襲公中扎薩克一等台吉齊伯克多爾濟見續表

三次襲	四次襲
齊伯克多爾濟	巴彥濟爾噶勒
濟克濟扎布之子道光元年襲	齊伯克多爾濟之子咸豐三年

咸豐三年	卒
襲	

欽定續纂外藩蒙古回部王公表卷之十目錄

西藏部

扎薩克輔國公

一等台吉

一等台吉

扎薩克一等台吉

居京師之綽羅斯

固山貝子

杜爾伯特部

扎薩克特古斯庫魯克達賴汗

扎薩克和碩親王

扎薩克多羅郡王

扎薩克多羅貝勒

扎薩克多羅貝勒

扎薩克固山貝子

扎薩克固山貝子

扎薩克鎮國公

扎薩克輔國公

扎薩克輔國公

扎薩克一等台吉

扎薩克一等台吉

扎薩克一等台吉

扎薩克一等台吉

輝特扎薩克一等台吉

輝特扎薩克一等台吉

和碩特扎薩克一等台吉

欽定續纂外藩蒙古回部王公表卷之十

表第十

西藏部

扎薩克輔國公

初封扎薩克鎮國公珠爾默特策布登自降襲輔國公後至第四次仍襲扎薩克輔國公策旺珠美見續表

四次襲	五次襲
策旺珠	扎什熱

美

額林沁彭楚克之子嘉慶二十一年襲道光二十七年因病開缺

布丹

策旺珠美之子道光二十七年襲

一等台吉

初封輔國公索諾木達爾扎自降襲一等台吉後至第五次仍襲一等台吉加木參

烏珠見

續表

五次襲

加木參

烏珠

色綸彭蘇

之子道光

十一年襲

一等台吉

初授一等台吉噶錫布那木扎勒色布騰

自晉襲輔國公後至第四次復降襲一等台吉敏珠爾索諾木班珠勒見續表

四次襲
敏珠爾
索諾木
班珠勒
丹津班珠

爾之子嘉
慶十年降
襲一等台
吉

扎薩克一等台吉

初授諾顏和碩齊至第六次仍襲扎薩克一等台吉敦珠鏾傑見續表

六次襲敦珠鏾傑

策凌旺楚克多爾濟之子道光

八年襲

居　京師之綽羅斯

固山貝子

初封和碩親王達瓦齊自降襲固山貝子

後至第五次仍襲固山貝子伊鏗額見續

表

五次襲

伊鏗額

賚音蘇之

子道光十

八年襲

杜爾伯特部

扎薩克特古斯庫魯克達賴汗

初封車淩至第六次仍襲扎薩克特古斯庫魯克達賴汗密什克多爾濟見續表

六次襲	密什克	多爾濟	齊旺巴勒	楚克之子
七次襲	桑都克	多爾濟	密什克多	爾濟之同
八次襲	哩扎勒	喇布坦	什爾珠	特

道光二十三年襲二十八年卒無嗣同族桑都克多爾濟襲

族道光二十八年襲咸豐四年卒

桑都克多爾濟之子咸豐四年襲

扎薩克和碩親王
初封車淩烏巴什至第三次仍襲扎薩克和碩親王棍布扎布見續表
三次襲棍布扎布貢噶諾爾布之繼子道光九年

欽定續纂外藩蒙古回部王公表　卷十
襲

扎薩克多羅郡王

初封車淩蒙克至第四次仍襲扎薩克多羅郡王曼達喇見續表

四次襲

曼達喇

納旺索諾

木之子嘉

慶九年襲

扎薩克多羅貝勒

初封色布騰至第三次仍襲扎薩克多羅貝勒雅哩木闢勒多爾濟見續表

三次襲

雅哩木

闢勒多

爾濟

貢楚克扎

布之子道

光五年襲

扎薩克多羅貝勒

初封剛多爾濟至第三次仍襲扎薩克多羅貝勒巴咱爾咱那見續表

三次襲

巴咱爾

咱那

齊墨特多爾濟之子

道光十年

扎薩克固山貝子

初封瑪什巴圖至第六次仍襲扎薩克固山貝子諾木巴達爾琥見續表

六次襲	七次襲
諾木巴達爾琥	察克都爾扎布
喇特那巴咱爾之子	諾木巴達爾琥之子
道光二十七	咸豐四年

一年襲咸豐四年卒

襲

扎薩克固山貝子

初封班珠爾至第四次仍襲扎薩克固山貝子伊達木扎布見續表

四次襲	伊達木扎布	喇穆扎布之胞弟嘉慶十四年
五次襲	車林多爾濟	伊達木扎布之子咸豐四年襲

襲咸豐四
年卒

扎薩克鎮國公

初封扎薩克固山貝子根敦自降襲鎮國公後至第四次仍襲扎薩克鎮國公諾爾布見續表

四次襲 諾爾布 諤勒哲依 鄂羅什瑚 之長子嘉

五次襲 阿玉爾 扎那 諾爾布之 子咸豐三

慶二十四年襲咸豐三年卒	
年襲	

扎薩克輔國公

初封巴圖蒙克至第五次仍襲扎薩克輔國公車伯克扎布見續表

五次襲

車伯克

扎布

車登扎布

之子道光

二十五年

襲

扎薩克輔國公

初封剛至第四次仍襲扎薩克輔國公多郭爾巴見續表

四次襲

多郭爾巴

達克敦之弟道光二十五年襲

扎薩克一等台吉

初授達什端多克至第三次仍襲扎薩克一等台吉烏爾棍濟庫見續表

三次襲

烏爾棍濟庫

布格之子

道光元年襲

扎薩克一等台吉

初授恭錫喇至第五次仍襲扎薩克一等台吉車林諾魯布見續表

五次襲車林諾魯布巴勒章之子道光十一年襲

欽定續纂外藩蒙古回部王公表　卷十

扎薩克一等台吉

初授額布根至第四次仍襲扎薩克一等台吉額爾德尼見續表

四次襲

額爾德尼

鄂特伯克

扎布之子

道光十六

年襲

扎薩克一等台吉

初授巴爾至第四次仍襲扎薩克
一等台吉布彥德勒格爾見續表

四次襲
布彥德勒格爾
扎胄之子
道光十六
年襲

輝特扎薩克一等台吉

初授達瑪琳至第四次仍襲輝特扎薩克一等台吉曼達勒扎布見續表

四次襲	五次襲		
曼達勒扎布	玉木沁		
薩木寶多爾濟之子道光二十	曼達勒扎布之弟咸豐四年襲		

三年襲咸豐四年卒無嗣弟玉木沁襲

輝特扎薩克一等台吉

初授羅卜藏至第五次仍襲輝特扎薩克一等台吉噶爾瑪見續表

五次襲

噶爾瑪

貢楚克之子道光十七年襲

和碩特扎薩克一等台吉

初授布彥克什克第一次仍襲扎薩克一等台吉額林沁多爾濟見續表

襲次	名	世系、襲年
一次襲	額林沁多爾濟	布彥克什克之子道光十五年
二次襲	奇默特車林	額林沁多爾濟之子咸豐元年

襲咸豐元年卒 襲

欽定續纂外藩蒙古回部王公表卷之十一目錄

土爾扈特部
扎薩克多羅貝勒
扎薩克卓哩克圖汗
扎薩克多羅貝勒
扎薩克輔國公
扎薩克一等台吉
扎薩克和碩布延圖親王

公品級扎薩克一等台吉

扎薩克一等台吉

扎薩克多羅畢錫哷勒圖郡王

扎薩克固山伊特格勒貝子

扎薩克多羅濟爾哈朗貝勒

扎薩克多羅弼哩克圖郡王

扎薩克固山烏察喇勒圖貝子

和碩特部

扎薩克固山阿穆爾呤貴貝子

扎薩克一等台吉

扎薩克一等台吉

哈密回部

扎薩克多羅郡王

吐魯番回部

扎薩克多羅郡王

增 三等台吉

附一等台吉今降三等台吉

附二等台吉

欽定續纂外藩蒙古回部王公表卷之十一

表第十一

土爾扈特部

扎薩克多羅貝勒

初封固山貝子阿喇布珠爾自晉襲扎薩克多羅貝勒後至第六次仍襲扎薩克多羅貝勒達什車楞見續表

六次襲

達什車

楞
巴雅爾莽奈之子道光二十一年襲

扎薩克卓哩克圖汗

初封烏巴錫至第六次仍襲扎薩克卓哩克圖汗那木扎勒珠爾默特策林見續表

六次襲
那木扎勒珠爾默特策林
策登多爾

七次襲
瑪哈巴咱爾
那木扎勒珠爾默特策林之堂

八次襲
喇特那巴咱爾
瑪哈巴咱爾之子咸豐二年襲

濟之子道光十一年襲二十九年卒無嗣堂弟瑪哈巴咱爾襲

弟道光三十年襲咸豐二年卒

扎薩克多羅貝勒

初封額墨根烏巴什至第三次仍襲扎薩克固山巴雅爾圖貝子晉襲多羅貝勒蒙庫那遜

見續表

三次襲

蒙庫那遜

巴勒丹喇什之子道

光十年
賞襲扎薩克
多羅貝勒

扎薩克輔國公

初封拜濟瑚至第三次仍襲扎薩克輔國公曼吉多爾濟見續表

三次襲

曼吉多爾濟

巴彥巴什克之子道光二十四

年襲

扎薩克一等台吉

初授伯爾哈什哈至第四次仍襲扎薩克一等台吉額爾德尼見續表

四次襲額爾德尼

和圖之子道光二十五年襲

扎薩克和碩布延圖親王

初封策伯克多爾濟至第三次仍襲扎薩克和碩布延圖親王恩克濟爾噶勒見續表

三次襲	四次襲
恩克濟爾噶勒車凌烏巴什長子嘉	策林喇布丹恩克濟爾噶勒之子

慶十九年	道光二十		
襲道光二	八年襲		
十八年卒			

公品級扎薩克一等台吉

初授恭格策淩至第二次仍襲公品級扎薩克一等台吉喇特那巴咱爾見續表

二次襲

喇特那巴咱爾

策林敏珠爾之弟道光七年襲

扎薩克一等台吉

初授扎薩克一等台吉阿克薩哈勒自晉
襲輔國公後復降襲一等台吉至第三次
仍襲扎薩克一等台吉
圖布申克什克見續表

三次襲
圖布申
克什克
多爾濟那
木扎勒之

子道光十二年襲

扎薩克多羅畢錫哷勒圖郡王

初封巴木巴爾至第四次仍襲扎薩克多羅畢錫哷勒圖郡王巴圖見續表

四次襲

巴圖

那木扎勒車登之子道光二十五年襲

扎薩克固山伊特格勒貝子

初封奇布騰至第四次仍襲扎薩克固山伊特格勒貝子普爾普噶丹見續表

四次襲

普爾普噶丹

那遜德勒克之孫道光二十三

年襲

扎薩克多羅濟爾哈朗貝勒

初封默們圖至第五次仍襲扎薩克多羅濟爾哈朗貝勒巴圖那遜見續表

五次襲	巴圖那	遜	巴圖克什	克之弟嘉	慶二十一
六次襲	那特那	什迪	巴圖那遜	之子道光	二十六年
七次襲	鄂齊爾		那特那什	迪之弟咸	豐元年襲

年襲道光二十六年卒

襲咸豐元年卒無嗣弟鄂齊爾襲

扎薩克多羅弼哩克圖郡王

初封舍楞王第三次仍襲扎薩克多羅弼哩克圖郡王多諾羅布多爾濟見續表

三次襲

多諾羅布多爾濟

散達克多爾濟之子

道光十[illegible]

年[illegible]

扎薩克固山烏察喇勒圖貝子

初封沙喇扣肯至第二次仍襲扎薩克固山烏察喇勒圖貝子烏爾圖那遜見續表

二次襲

烏爾圖

那遜

車淩多爾濟之子道光二十年

襲

和碩特部

扎薩克固山阿穆爾畧貴貝子

初封雅蘭丕勒至第六次襲扎薩克固山阿穆爾畧貴貝子多爾濟那木扎勒見

續表

六次襲

多爾濟那木扎勒

車登多爾

濟之姪道

光二十一

年襲

扎薩克一等台吉

初授諾海至第四次仍襲扎薩克一等台吉棍濟克扎布見續表

四次襲

棍濟克

扎布

巴彥濟爾

噶勒之子

道光十九

年襲

扎薩克一等台吉

初授一等台吉巴雅爾喇瑚自授扎薩克後至第四次仍襲扎薩克一等台吉圖魯孟庫見續表

四次襲	五次襲
圖魯孟庫	喇什德勒克
濟爾噶勒之嗣子道	圖魯孟庫之子咸豐

光六年襲

元年襲

咸豐元年

卒

哈密回部

扎薩克多羅郡王

初封扎薩克一等達爾漢額貝都喇自晉

襲郡王品級後至第六次仍襲郡王品級

扎薩克多羅貝勒晉封

郡王伯什爾見續表

六次襲

伯什爾

額爾德錫

爾之子嘉

慶十八年
襲道光十
二年
晉封郡王

吐魯番回部

扎薩克多羅郡王

初封額敏和卓至第六次仍襲扎薩克多羅郡王阿克喇依都見續表

六次襲

阿克喇依都

邁瑪薩依特之長子

道光七年

襲

[illegible]增 三等台吉

初授 一次襲

邁瑪特穆伯爾 邁瑪特瑪哈蘇特之弟道光二十八年襲

邁瑪哈蘇特 已革郡王玉努斯之子道光六

年因伊父
在喀什噶
爾陣亡授
三等台吉
世襲罔替
三十七年
緣事革退
弟穆伯爾

襄

附一等台吉今降三等台吉

初授鄂囉木咱卜至第三次仍襲一等台吉今降三等台吉哈哩咱特見續表

三次襲

哈哩咱特

和什納扎特之子道光十二年

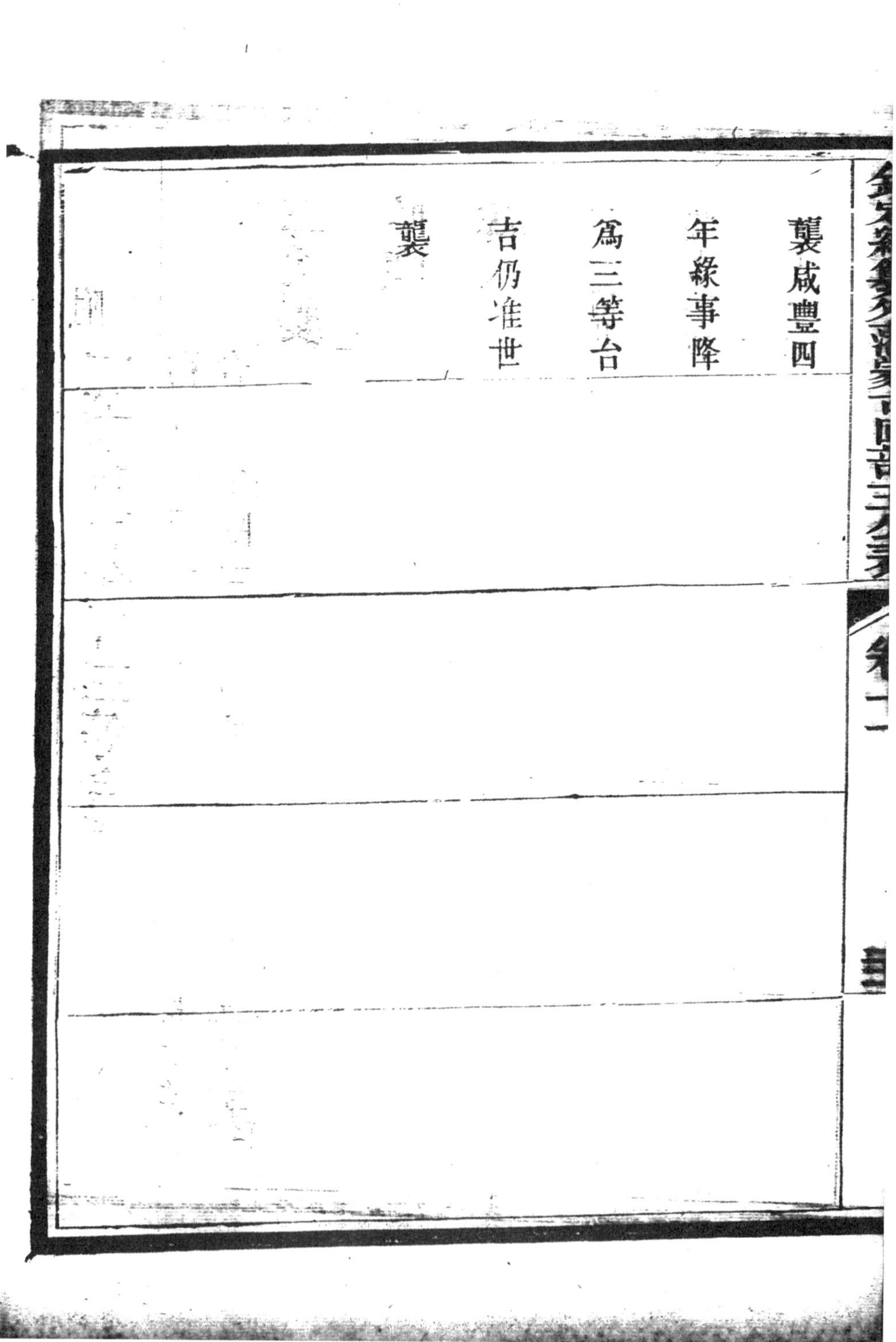

襲咸豐四年緣事降爲三等台吉仍准世襲

附二等台吉

初授丕爾敦至第三次仍襲

二等台吉佐霍爾鼎見續表

三次襲佐霍爾鼎

郡王額敏和卓之曾孫道光八

欽定續纂外藩蒙古回部王公表卷之十二目錄

居歸化城之土默特

輔國公

三等子兼襲三等男

三等男

居察哈爾之和碩特

輔國公

輔國公

扎薩克一等台吉

居黑龍江之厄魯特

輔國公

居科布多之扎哈沁

三等信勇公

居　京師之回部

郡王品級多羅貝勒

輔國公

居新疆之回部

散秩大臣銜郡王

貝子品級輔國公

輔國公

三等輕車都尉

欽定續纂外藩蒙古回部王公表卷之十二

表第十二

居歸化城之土默特

輔國公

初封喇嘛扎布至第二次仍襲輔國公濟魯布見續表

二次襲	三次襲
濟魯布	格木丕
索諾木旺	勒多爾

扎勒之子嘉慶十二年襲道光二十七年卒

濟

濟魯布之子道光二十七年襲

三等子兼襲三等男

初授左翼都統三等子古祿格自兼襲三等男後至第八次仍襲三等子兼三等男

羅布藏多爾濟見續表

八次襲

羅布藏多爾濟

福保之子

乾隆五十

四年襲

三等男

初授布翼都統託博克自改襲三等男後至第十一次仍襲三等男吉朗阿見續表

十一次襲

吉朗阿

納沁之子

道光十四年襲

居察哈爾之和碩特

輔國公

初封固山貝子納噶察自降襲輔國公後至第五次仍襲輔國公蘊端見續表

五次襲

蘊端

丹津扎布之長子嘉慶二十五

年襲

輔國公

初封色布騰至第二次仍襲輔國公桑嚕布多爾濟見續表

二次襲

桑嚕布多爾濟

達什喇布坦之子嘉慶十九年

襲

扎薩克一等台吉

初授特默齊至第二次仍襲扎薩克一等台吉恩克博羅特見續表

二次襲
恩克博羅特
達什沙木丕勒之子道光六年

三次襲
布尼巴達哩
恩克博羅特之子道光二十八

襲二十八年卒
年襲

居黑龍江之厄魯特

輔國公

初封巴桑至第三次仍襲輔國公烏爾圖那遜見續表

三次襲

烏爾圖

那遜

呢瑪咱木

布之繼子

道光六年

襲

居科布多之扎哈沁

三等信勇公

初授禡木特至第五次仍襲三等信勇公敏珠爾多爾濟見續表

五次襲
敏珠爾
多爾濟
車德布達
什之子道

光十九年

襲

居 京師之回部

郡王品級多羅貝勒

初封霍集斯至第五次仍襲郡王品級多羅貝勒邁瑪第敏見續表

五次襲

邁瑪第

敏

邁瑪特愛孜斯之子

道光二十
二年襲

輔國公

初封和什克至第三次仍襲輔國公邁瑪特熱伊木沙見續表

三次襲

邁瑪特熱伊木沙

和什克之曾孫道光

八年襲

居新疆之回部

散秩大臣銜郡王

初授散秩大臣封貝勒品級固山貝子鄂對自襲原爵旋降復晉後至第四次晉封郡王第五次仍襲散秩大臣銜郡王愛瑪特見續表

五次襲

愛瑪特

伊薩克之子道光二

欽定續纂外藩蒙古回部王公表
卷十二
十二
十二年襲

貝子品級輔國公

初封色提卜阿勒氐至第四次仍襲貝子品級輔國公邁瑪特愛散見續表

四次襲
邁瑪特
愛散
邁瑪特愛
瑪特之子
道光二十

三年襲

輔國公

初封噶岱默特至第五次仍襲輔國公邁瑪塔哩普見續表

五次襲

邁瑪塔哩普

木薩之子

道光十七年襲

三等輕車都尉

初授薩里至第三次仍襲三等輕車都尉阿布都瓦依特見續表

三次襲

阿布都瓦依特

愛里木之子道光二十年襲

欽定續纂外藩蒙古回部王公表傳

清史研究資料叢編

2

中華書局

第二册目録

欽定續纂外藩蒙古回部王公表十二卷傳十二卷（之二：傳十二卷）

卷一
目録……三
傳第一……九
科爾沁部……九
扎賚特部……五一
杜爾伯特部……五三
郭爾羅斯部……五五
喀喇沁部……五九
土默特部……七五
卷二
目録……八三
傳第二……八七
敖漢部……八七
奈曼部……九五
巴林部……九九
扎嚕特部……一〇五

阿嚕科爾沁部……一一三
翁牛特部……一一五
克什克騰部……一二三

卷三
目録……一二五
傳第三……一二九
喀爾喀左翼部……一二九
烏珠穆沁部……一三一
浩齊特部……一三九
蘇尼特部……一四三
阿巴噶部……一五一
阿巴哈納爾部……一六一

卷四
目録……一六五
傳第四……一六九
四子部落……一六九
茂明安部……一七一
烏喇特部……一七五
喀爾喀右翼部……一八一
鄂爾多斯部……一八九

卷五
目録……二〇五

傳第五……二〇九
喀爾喀土謝圖汗部……二〇九
卷六
目録……二五一
傳第六……二五五
喀爾喀車臣汗部……二五五
卷七
目録……三〇七
傳第七……三一一
喀爾喀扎薩克圖汗部……三一一
卷八
目録……三五五
傳第八……三六一
喀爾喀賽因諾顔部……三六一
阿拉善厄魯特部……四二七
卷九
目録……四三五
傳第九……四三九
青海厄魯特部……四三九
卷十
目録……四九五
傳第十……四九九

西藏部……四九九
居京師之綽羅斯……五〇七
杜爾伯特部……五〇九
卷十一
目録……五四三
傳第十一……五四七
土爾扈特部……五四七
和碩特部……五七三
哈密回部……五七九
吐魯番回部……五八一
卷十二
目録……五八九
傳第十二……五九三
居歸化城之土默特……五九三
居察哈爾之和碩特……五九九
居黑龍江之厄魯特……六〇五
居科布多之扎哈沁……六〇七
居京師之回部……六〇九
居新疆之回部……六一三

欽定續纂外藩蒙古回部王公表十二卷傳十二卷

（之二：傳十二卷）

清咸豐武英殿刻本

欽定續纂外藩蒙古回部王公傳卷之一目錄

科爾沁部 哲哩穆盟

扎薩克和碩土謝圖親王

附 多羅貝勒

和碩達爾漢親王

附 和碩卓哩克圖親王

附 固山貝子

附 多羅郡王

附多羅貝勒

附固山貝子

附輔國公

附輔國公

附輔國公

扎薩克多羅扎薩克圖郡王

扎薩克多羅冰圖郡王

扎薩克多羅郡王今晉封博多勒噶台親王

增輔國公
扎薩克鎮國公
扎賚特部
扎薩克多羅貝勒今加郡王銜
杜爾伯特部
扎薩克固山貝子
郭爾羅斯部
扎薩克鎮國公

扎薩克輔國公

喀喇沁部 卓索圖盟

親王品級扎薩克多羅杜棱郡王

附 輔國公

附 輔國公

扎薩克多羅貝勒

增 扎薩克一等塔布囊

扎薩克一等塔布囊

附 輔國公

增 一等塔布囊

土默特部

扎薩克多羅達爾漢貝勒

附 喀爾喀多羅貝勒

扎薩克固山貝子今加貝勒銜

欽定續纂外藩蒙古回部王公傳卷之一

傳第一

科爾沁部 哲哩穆盟

扎薩克和碩土謝圖親王

初封土謝圖汗奧巴自襲扎薩克和碩土謝圖親王後至第十二次仍襲扎薩克和碩土謝圖親王色登端魯布見續傳

十二次襲色登端魯布襲其父諾爾布林沁之扎薩克和碩土謝圖親王爵道光十三年

賞戴花翎二十年襲爵
命在乾清門行走
賞戴三眼花翎二十二年
命在御前行走二十三年
賞紫韁二十四年
賞黄韁三十年恭送
宣宗成皇帝梓宫奉移
山陵

賞加一級

附
多羅貝勒
初封沙津至第七次仍襲多羅貝勒三音瑚比圖見續傳
七次襲三音瑚比圖襲其兄達爾瑪扎布之多羅貝勒爵道光二十一年襲二十二年
賞戴雙眼花翎二十八年卒子一等台吉旺楚克琳沁襲
八次襲旺楚克琳沁三音瑚比圖子道光二十六年

賞戴花翎二十八年襲多羅貝勒

和碩達爾漢親王

初封扎薩克和碩達爾漢親王滿珠習禮至第八次削去扎薩克第九次襲和碩達爾漢親王索特那木朋素克見續傳

九次襲索特那木朋素克襲其父布彥溫都爾瑚之和碩達爾漢親王爵道光十八年襲

命在乾清門行走

賞戴三眼花翎二十一年

命在御前行走二十二年

賞紫韁二十八年

賞黃韁三十年恭送

宣宗成皇帝梓宫奉移

山陵

賞加一級咸豐四年因協濟黑龍江官兵馬匹食物議

敘

附

和碩卓哩克圖親王

初封烏克善至第十次仍襲和
碩卓哩克圖親王巴圖見續傳

十一次襲巴圖襲其父噶勒桑棟羅布之和碩卓
哩克圖親王爵道光六年襲
命在乾清門行走
賞戴三眼花翎九年
賞紫韁十年
命在御前行走十二年幫辦盟務十三年授副盟長十

七年

賞黃韁二十年授正盟長二十一年補備兵扎薩克三

十年恭送

宣宗成皇帝梓宮奉移

山陵

賞加一級

附固山貝子

初封和碩親王色布騰巴勒珠爾一次降襲公品級二次晉襲多羅貝勒第三次降襲固山貝子濟克默特見續傳

三次襲濟克默特由其叔鄂勒哲依圖所襲之多羅貝勒爵嘉慶二十四年降襲固山貝子道光三年

命在御前行走六年補扎薩克七年

賞紫禁城騎馬十年

賞紫韁二十七年因身體單弱奉
旨革去御前差使二十八年卒子二等台吉棍楚克琳
沁襲
四次襲棍楚克琳沁濟克默特子道光二十六
年
賞給頭等侍衛
命在乾清門行走二十七年緣事革去頭等侍衛二十
八年降襲鎮國公三十年因歷次捐備軍餉從

優議敘

附多羅郡王

初封奇塔特至第八次仍襲多羅郡王濟克默特朗布見續傳

八次襲濟克默特朗布襲其父棟默特之多羅郡王爵道光十五年

賞戴花翎

命在乾清門行走二十一年襲爵二十三年

賞戴三眼花翎二十六年

命在御前行走二十八年

賞紫韁三十年恭送
宣宗成皇帝梓宮奉移
山陵
賞加一級

附多羅貝勒

初封綽爾濟至第七次仍襲多羅貝勒貢格喇布坦見續傳

七次襲貢格喇布坦襲其父色楞多爾濟之多羅貝勒爵道光三年襲十五年

賞戴雙眼花翎十七年

命在乾清門行走

附固山貝子

初封喇什至第五次仍襲固山貝子阿敏烏爾圖見續傳

五次襲阿敏烏爾圖襲其父阿舒噶之固山貝子爵道光七年襲二十一年

賞戴雙眼花翎

附輔國公

初封固山貝子烏爾呼瑪勒一次降襲輔
國公至第三次仍襲輔國公巴圖見續傳

三次襲巴圖襲其父錫達什哩之輔國公爵道
光八年襲十六年
賞戴花翎
命在乾清門行走

欽定續纂外藩蒙古回部王公表傳　卷一　二

附
輔國公
初封圖納赫至第七次仍
襲輔國公帕喇巴見續傳
七次襲帕喇巴襲其父博囉特之輔國公爵道
光二十一年襲二十四年
賞戴花翎

欽定續纂外藩蒙古回部王公表傳 卷一 三

附輔國公

初封噶爾弼至第三次仍
襲輔國公旺沁見續傳

三次襲旺沁襲其父諾觀達喇之輔國公爵嘉慶七年襲道光二十七年卒子鄂綽爾巴圖襲

四次襲鄂綽爾巴圖旺沁子道光二十七年降襲一等台吉

扎薩克多羅扎薩克圖郡王

初封布達齊至第八次仍襲扎薩克多羅扎薩克圖郡王索特那木倫布木見續傳

八次襲索特那木倫布木襲其父敏珠爾多爾濟之扎薩克多羅扎薩克圖郡王爵道光十四年襲十六年

賞戴三眼花翎

命在乾清門行走二十三年

命在御前行走

賞紫韁三十年恭送
宣宗成皇帝梓宮奉移
山陵
賞加一級

扎薩克多羅冰圖郡王

初封洪果爾至第八次仍襲扎薩克多羅冰圖郡王林沁扎勒參見續傳

八次襲林沁扎勒參襲其祖羅布藏佳木參之扎薩克多羅冰圖郡王爵嘉慶十九年襲二十一年

賞戴三眼花翎道光十年

命在乾清門行走二十二年

賞紫韁二十八年

命在御前行走三十年恭送
宣宗成皇帝梓宮奉移
山陵
賞加一級

扎薩克多羅郡王今晉封博多勒噶台親王

初封多羅貝勒棟果爾自晉襲扎薩克多羅郡王後至第十次仍襲扎薩克多羅郡王今晉封博多勒噶台親王僧格林沁見續傳

十次襲僧格林沁襲其嗣父索特那木多布齋之扎薩克多羅郡王爵道光五年襲

命在御前行走

賞戴三眼花翎六年

賞紫韁九年

賞穿黃馬褂十四年授
御前大臣七月補正白旗領侍衛內大臣授正藍旗蒙
古都統十五年
命總理行營事務十六年授鑲白旗滿洲都統十七年
賞黃韁二十五年調鑲黃旗領侍衛內大臣二十六年
復調正白旗領侍衛內大臣二十七年授右翼
監督二十八年調正藍旗滿洲都統三十年四
月授左翼監督九月

命恭理喪儀十二月

賞穿四團正龍補服咸豐二年三月

宣宗成皇帝梓宮永遠奉安

慕陵

賞加三級五月

命專辦京城各旗營巡防事宜十月因骸疾奏請開

御前大臣領侍衛內大臣缺奉

上諭毋庸開缺嗣後凡遇隨從行禮差使著加恩毋庸

隨從以示體恤三年五月
命督辦京城巡防事宜九月因逆匪由臨洺關北竄正
定一帶擾及畿疆
命爲參贊大臣
上御乾清宮親頒給關防並訥庫尼素光刀統領各路
官兵前往督剿十月
諭曰僧格林沁統領重兵出京籌辦防剿均合機宜現
値天氣嚴寒念該大臣在營中辛苦備至且聞其撫

卒猶能甘苦與共殊堪嘉尚著發去御用貂冠黑狐

骸馬褂綠玉煙壺四喜搬指各一以昭恩眷十二月

因屢次捐備軍餉從優議敘四年正月在王家

巳一帶迎剿奮勇殺賊甚多

賞給端多巴圖魯名號二月因追剿逆匪屢戰屢勝調

度有方

賞給粵威羅瓦佛一尊白玉翎管搬指各一黃辮珊瑚

豆大荷包一對七月該王福晉薨逝

賞銀五百兩經理喪事
派德木齊扎布前往
賜奠閏七月因協濟黑龍江官兵馬匹食物議敘九月
命管理奉宸苑事務五年正月攻克連鎮生擒逆首林
鳳祥
上嘉其功晉封爲博多勒噶台親王其子
乾清門二等侍衛伯彥訥謨祜
命在御前行走並

命該王移師高唐督辦軍務二月收復高唐州城逆匪南竄馮官屯督兵追勦三月因逆匪竄撲礮台疏於防範下部議處四月馮官屯軍務告蕆首逆就擒疏入

諭曰僧格林沁自授爲參贊大臣後督師勦賊均合機宜忠勇之誠深堪嘉尚前次殲滅連鎮賊匪即移兵圍勦高唐馮官屯逆黨首要李開芳各犯悉數殲擒北路一律肅清厥功甚偉前經賞給親王著加恩世

襲罔替並賞坐肩輿伊兄二品頂戴三等台吉朗布林沁著賞給輔國公伊弟四等台吉崇格林沁著賞給二品頂戴並賞戴花翎現在逆匪全數蕩平該大臣即馳驛來京陛見以慰廑懷五月到京舉行凱徹典禮恭繳參贊大臣關防八月授崇文門正監督十二月調補鑲藍旗滿洲都統

增

輔國公

初封朗布林沁因伊弟僧格林沁於咸豐五年

勦平連鎮逆匪有功由三等台吉

賞給二品頂戴四月馮官屯軍務告竣晉

封輔國公

扎薩克鎮國公

初封喇嘛什希至第十次仍襲扎薩克鎮國公烏勒濟濟爾噶勒見續傳

十次襲烏勒濟濟爾噶勒襲其兄多布沁旺丹之扎薩克鎮國公爵道光二十年襲二十四年

賞戴花翎

扎賚特部

扎薩克多羅貝勒今加郡王銜

初封固山貝子蒙棍達爾罕和碩齊自晉襲扎薩克多羅貝勒後至第九次仍襲扎薩克多羅貝勒今加郡王銜喇木棍布扎布見續傳

九次襲喇木棍布扎布襲其族兄瑪什巴圖之扎薩克多羅貝勒爵道光十四年襲十五年賞戴雙眼花翎十八年命在乾清門行走二十九年

命在御前行走三十年恭送
宣宗成皇帝梓宫奉移
山陵
賞加一級咸豐四年因追勦逆匪有功
賞給綽克托依巴圖魯名號五年
賞郡王銜並
賞戴三眼花翎

杜爾伯特部

扎薩克固山貝子

初封色棱至第十二次仍襲扎薩克固山貝子鄂綽爾琥雅克圖見續傳

十二次襲鄂綽爾琥雅克圖襲其兄喇特納巴喇之扎薩克固山貝子爵嘉慶十五年襲十八

賞貢緞[illegible]年[illegible]

賞戴雙眼花翎二十五年[illegible]扎薩克固山貝子二十八年

賞穿黃馬褂二十七年卒子貢噶綽克拜襲[illegible]

十三次襲貢噶綽克丹鄂綽爾琥雅克圖子道

光二十七年襲扎薩克固山貝子二十九年

賞戴雙眼花翎

郭爾羅斯部

扎薩克鎮國公

初封布木巴至第八次仍襲扎薩克鎮國公楊贊巴喇見續傳

八次襲楊贊巴喇襲其父固嚕扎布之扎薩克鎮國公爵道光九年襲

賞戴三眼花翎咸豐四年因協濟黑龍江官兵馬匹食物議敘

扎薩克輔國公

初封固穆至第十次仍襲扎薩克輔國公阿勒坦鄂齊爾見續傳

十次襲阿勒坦鄂齊爾襲其父恩克托克托琥之扎薩克輔國公爵道光二年襲十四年

賞戴花翎二十一年幫辦盟務咸豐四年因協濟黑龍江官兵馬匹食物議敘

欽定續纂外藩蒙古回部王公傳　卷一

喀喇沁部 卓索圖盟

親王品級扎薩克多羅杜棱郡王

初封扎薩克多羅杜棱貝勒固魯思奇布自晉襲郡王後第九次晉襲親王品級至第十一次仍襲親王品級扎薩克多羅杜棱郡王色伯克多爾濟見續傳

十一次襲色伯克多爾濟襲其父布呢雅巴喇之親王品級扎薩克多羅杜棱郡王爵道光十六年襲

命在御前行走二十七年

賞黃轎三十年恭送
宣宗成皇帝梓宮奉移
山陵
賞加一級

附輔國公

初封固山貝子敏珠爾喇布坦一次降襲鎮國公二次降襲輔國公第三次仍襲輔國公喇旺立克森見續傳

三次襲喇旺立克森襲其父永庫爾忠之輔國公爵道光五年襲

[illegible]

[illegible]

[illegible]

附

輔國公

初封羅卜藏車布登至第五次

仍襲輔國公班咱什哩見續傳

五次襲班咱什哩襲其兄布呢雅什哩之輔國

公爵嘉慶二十年襲道光四年

賞戴花翎三十年卒子二等塔布囊魏羅暮仲柰襲

六次襲魏羅暮仲柰班咱什哩子道光三十年

襲輔國公

扎薩克多羅貝勒

初封扎薩克鎮國公邑棱自晉襲多羅郡王降襲多羅貝勒後至第十次仍襲扎薩克多羅貝勒德木齊扎布見續傳

十次襲德木齊扎布襲其父托恩多之扎薩克多羅貝勒爵道光十二年襲二十七年

賞戴雙眼花翎咸豐三年因歷次捐備軍餉議敘四年

命在御前行走

增

扎薩克一等塔布囊

初授喇特納吉爾第第一次仍襲扎薩克一等塔布囊克星額見續傳

一次襲克星額襲其父喇特納吉爾第之扎薩克一等塔布囊嘉慶二十三年襲道光十五年幫辦盟務十六年授副盟長備兵扎薩克二十六年卒子三等塔布囊布哩那巴喇襲

二次襲布哩那巴喇克星額子道光二十六年襲扎薩克一等塔布囊

賞戴花翎咸豐元年緣事革職弟烏淩阿襲

三次襲烏淩阿布哩那巴喇之弟咸豐元年襲

扎薩克一等塔布囊

扎薩克一等塔布囊

初授格哷勒至第四次仍襲扎薩克一等塔布囊德勒格爾見續傳

四次襲德勒格爾襲其祖瑪哈巴喇之扎薩克一等塔布囊道光二十四年襲二十七年

賞穿黃馬褂九月

命在御前侍衛行走二十八年幫辦盟務二十九年授伊犁領隊大臣咸豐五年授鑲藍旗蒙古副都統

[illegible]

附
輔國公
初封丹巴至第八次仍襲輔
國公德里克呢瑪見續傳
八次襲德里克呢瑪襲其族兄布林之輔國公
爵道光五年襲二十六年
賞給頭等侍衛作爲和闐辦事大臣

增

一等塔布囊

初授察克魯克扎布二等塔布囊布彥圖亥子布彥圖於咸豐四年六月在高唐州勦賊陣亡經

欽差大臣勝保等疏入

諭曰乾清門行走二等塔布囊布彥圖著交理藩院照陣亡例從優議卹以慰忠魂尋議上應照軍功從優

賞加頭等塔布囊准其一子承襲世襲罔替

詔如所請是年襲

土默特部

扎薩克多羅達爾漢貝勒

初封扎薩克達爾漢鎮國公善巴自晉襲多羅貝勒後至第九次仍襲扎薩克多羅達爾漢貝勒那遜鄂勒哲依見續傳

九次襲那遜鄂勒哲依襲其父濟克默特扎布之扎薩克多羅達爾漢貝勒爵道光十三年襲二十四年幫辦盟務

命在乾清門行走二十六年授副盟長二十七年

賞穿褡護

附

喀爾喀多羅貝勒

初封巴勒布冰圖至第七次仍襲

多羅貝勒旺楚克喇布坦見續傳

七次襲旺楚克喇布坦襲其父伊什喇克巴之多羅貝勒爵道光十年襲咸豐二年卒無嗣弟二等台吉布彥巴達爾琥襲

八次襲布彥巴達爾琥旺楚克喇布坦之弟咸豐二年襲多羅貝勒

扎薩克固山貝子今加貝勒銜

初封固穆至第十次仍襲扎薩克固山貝子今加貝勒銜德勒克色楞㒷續傳

十次襲德勒克色楞襲其父瑪呢巴達喇之扎薩克固山貝子爵道光十三年襲

命在御前行走

賞朝馬十五年

賞穿黃馬褂十九年因府內撥什戶私造鐵鏈鎖押奉

旨革退御前侍衛賞給頭等侍衛在大門上行走尋

命在乾清門行走二十年
命在御前行走二十一年
賞朝馬咸豐二年三月
命管理善撲營事務七月授正黃旗領侍衛內大臣八
月
賞紫韁十一月授鑲藍旗蒙古都統三年九月
命統帶東三盟官兵馳赴
欽差大臣勝保軍營幫辦軍務十一月因在獨流南岸

剿賊失利降四級留任拔去花翎十二月因歷次捐備軍餉從優議敘四年三月剿賊得力開復降留處分

賞還花翎四月因追賊奮勇督戰受傷

諭曰德勒克色楞此次督兵追殺賊匪黑黯之中左腰被槍子打穿復奮勇督戰實屬忠勇可嘉著賞給賽沖阿巴圖魯名號白玉翎管一支搬指一箇珊瑚豆大荷包一對小荷包四箇江綢馬褂料一件如意拔

欽定續纂外藩蒙古回部王公表傳　卷一

毒散十料以昭恩眷五年四月攻克高唐馮官屯軍
務告蕆疏入
諭曰德勒克色楞自隨同僧格林沁幫辦軍務後極知
奮勉克稱厥職著賞給貝勒銜並賞戴三眼花翎尋
命補授閱兵大臣

欽定續纂外藩蒙古回部王公傳卷之二目錄

敖漢部昭烏達盟
扎薩克多羅郡王
附多羅郡王
附固山貝子
附輔國公
奈曼部
扎薩克多羅達爾漢郡王

巴林部

親王品級扎薩克多羅郡王

扎薩克固山貝子

附　固山貝子

扎嚕特部

扎薩克多羅貝勒

扎薩克多羅達爾漢貝勒

附　鎮國公

附 二等台吉

阿嚕科爾沁部

扎薩克多羅貝勒

翁牛特部

扎薩克多羅杜稜郡王

附 輔國公

附 鎮國公

扎薩克多羅達爾漢岱青貝勒

克什克騰部

扎薩克一等台吉

欽定續纂外藩蒙古回部王公傳卷之二

傳第二

敖漢部 昭烏達盟

扎薩克多羅郡王

初封班第至第九次仍襲扎薩克多羅郡王達爾瑪吉爾第見續傳

九次襲達爾瑪吉爾第襲其族兄德濟特之扎薩克多羅郡王爵嘉慶十八年襲二十年扈

賞戴三眼花翎道光二十八年授副盟長十二月卒子

達達多克丹襲

十次襲達達多克丹達爾瑪吉爾第子二十九

年襲扎薩克多羅郡王

附

多羅郡王

初封索諾木杜棱至第十二次仍襲多羅郡王布彥德勒格呼固魯克齊見續傳

十二次襲布彥德勒格呼固魯克齊襲其父斡咱巴拉之多羅郡王爵道光十七年賞戴花翎十九年命在乾清門行走二十三年襲爵賞戴三眼花翎二十四年命在御前行走二十五年

賞紫韁二十八年授副盟長三十年

宣宗成皇帝梓宮奉移

山陵

賞加一級

附固山貝子

初封多羅貝勒羅卜藏自降襲固山貝子後至第三次仍襲固山貝子諾爾布桑見續傳

三次襲諾爾布桑襲其父德威多爾濟之固山貝子爵嘉慶十八年襲道光十六年

賞戴雙眼花翎二十七年卒子達克欽襲

四次襲達克欽諾爾布桑子道光二十七年襲固山貝子二十九年、

賞戴雙眼花翎

附輔國公

初封固山貝子羅卜藏錫喇布一次降襲鎮國公第二次降襲輔國公烏爾占扎布見續傳

二次襲烏爾占扎布由其父納木扎勒多爾濟所襲之鎮國公爵降襲輔國公道光九年襲十四年

賞戴花翎

柰曼部

扎薩克多羅達爾漢郡王

初封袞楚克至第九次仍襲扎薩克多羅達爾漢郡王阿完都窪第扎布見續傳

九次襲阿完都窪第扎布襲其父巴勒楚克之扎薩克多羅達爾漢郡王爵嘉慶二十四年襲

道光四年

賞戴三眼花翎八年

賞穿褂護十年

命在御前行走十二年
賞紫韁二十二年
賞黃韁二十三年授備兵扎薩克二十八年卒
諭曰阿完都寉第扎布辦理該盟事務甚屬留心盡力
又在御前大臣上行走數年茲聞溘逝殊堪軫惜著
加恩派喀爾喀郡王那遜巴圖前往賜奠由廣儲司
賞銀五百兩經理喪事應得卹典該衙門察例具奏
子固倫額駙德木楚克扎布襲

十次襲德木楚克扎布阿完都窪第扎布子道
光二十七年
命管理滿洲火器營事務二十八年襲扎薩克多羅郡
王
賞穿褡護三十年
命在御前大臣上學習行走十二月
命管理行營事務授後扈大臣咸豐元年正月
命補授御前大臣三月

賞黃韁十月授正白旗蒙古都統二年三月

宣宗成皇帝梓宮永遠奉安

地宮

賞加一級

命管理上虞備用處授崇文門正監督九月授正白旗

領侍衞內大臣三年因歷次捐備軍餉從優議

敘四年授閱兵大臣五年

賞穿黃馬褂

巴林部

親王品級扎薩克多羅郡王

初封扎薩克多羅郡王色布騰自晉襲親王品級後至第九次仍襲親王品級扎薩克多羅郡王那木濟勒旺楚克見續傳

九次襲那木濟勒旺楚克襲其祖索特納木多爾濟之親王品級扎薩克多羅郡王爵初授一等台吉嘉慶二十年扈

賞戴花翎二十二年

賞穿黄馬褂道光七年襲爵九年扈

駕行圍

賞紫韁二十七年

賞黄韁二十八年授盟長三十年恭送

宣宗成皇帝梓宫奉移

山陵

賞加一級

扎薩克固山貝子

初封滿珠習禮至第九次仍襲扎薩克固山貝子多爾濟薩木魯布見續傳

九次襲多爾濟薩木魯布襲其兄噶爾瑪什第

之扎薩克固山貝子爵道光十八年襲

附　固山貝子

初封色棱至第七次仍襲

固山貝子索哩雅見續傳

七次襲索哩雅襲其父阿勒坦桑之固山貝子

爵道光二年襲二十二年

賞戴雙眼花翎

扎嚕特部

扎薩克多羅貝勒

初封多羅貝勒內齊自授扎薩克後至第十次仍襲扎薩克多羅貝勒三音濟爾噶勒見續傳

十次襲三音濟爾噶勒襲其嗣祖佈木色楞之扎薩克多羅貝勒爵道光二十一年襲咸豐二年

賞戴雙眼花翎

扎薩克多羅達爾漢貝勒

初封多羅達爾漢貝勒色本自授扎薩克後至第十次仍襲扎薩克多羅達爾漢貝勒薩達爾見續傳

十次襲薩達爾襲其父斡珠爾扎布之扎薩克多羅達爾漢貝勒爵道光七年襲十二年

賞戴雙眼花翎咸豐四年卒子頭等台吉諾爾布林沁襲

十一次襲諾爾布林沁薩達爾子道光二十七

年

賞戴花翎咸豐四年襲扎薩克多羅達爾漢貝勒

命在乾清門行走

賞戴雙眼花翎

附鎮國公

初封瑪尼至第十次仍襲鎮國公曼都巴雅爾見續傳

十次襲曼都巴雅爾襲其兄特固斯巴雅爾之鎮國公爵嘉慶十六年襲道光十二年賞戴花翎三十年卒子二等台吉達瓦甯保襲

十一次襲達瓦甯保曼都巴雅爾子道光三十年襲鎮國公

附

二等台吉

初封輔國公朋素克一次降襲公品級一等台吉第二次降襲二等台吉那木桑第見續傳

三次襲那木桑第由其父恩克多爾濟所襲之公品級一等台吉爵降襲二等台吉嘉慶二十四年襲

阿嚕科爾沁部

扎薩克多羅貝勒

初封穆彰至第十一次仍襲扎薩克多羅貝勒喇什仲鼐見續傳

十一次襲喇什仲鼐襲其父扎木楊旺舒克之扎薩克多羅貝勒爵道光二十四年襲

翁牛特部

扎薩克多羅杜稜郡王

初封遜杜稜至第十次仍襲扎薩克多羅杜稜郡王喇特那濟爾迪見續傳

十次襲喇特那濟爾迪襲其父包多爾濟之扎薩克多羅杜稜郡王爵嘉慶十一年襲二十二年扈

駕行圍

賞戴三眼花翎

附輔國公

初封固山貝子鄂齊爾至第五次降襲鎮國公第六次降襲輔國公克什克阿爾比吉呼見

續傳

六次襲克什克阿爾比吉呼由其父豐伸保所襲之鎮國公爵降襲輔國公道光二十三年襲

咸豐二年

賞戴花翎

附

鎮國公

初封噶爾瑪至第九次仍襲

鎮國公那宛敦羅布見續傳

九次襲那宛敦羅布襲其兄桑噶巴喇之鎮國

公爵道光十八年襲二十三年

賞戴花翎

欽定續纂外藩蒙古回部王公傳　卷二　十

扎薩克多羅達爾漢岱青貝勒

初封扎薩克固山達爾漢岱青貝子棟岱青自晉襲多羅貝勒後至第十次仍襲扎薩克多羅達爾漢岱青貝勒寶拜見續傳

十次襲寶拜襲其父孟克濟雅之扎薩克多羅達爾漢岱青貝勒爵道光十一年襲

賞戴雙眼花翎

命在乾清門行走二十九年協理盟務

克什克騰部

扎薩克一等台吉

初授索諾木至第七次仍襲扎薩克一等台吉弼瑪喇吉爾第見續傳

七次襲弼瑪喇吉爾第襲其父旺楚克喇布坦之扎薩克一等台吉爵道光二年襲

欽定續纂外藩蒙古回部王公傳卷之三目錄

喀爾喀左翼部 西林果勒盟

扎薩克多羅貝勒

烏珠穆沁部

扎薩克和碩車臣親王

附 鎮國公

附 輔國公

扎薩克多羅額爾德尼貝勒

浩齊特部

扎薩克多羅額爾德尼郡王

扎薩克多羅郡王後削去扎薩克

蘇尼特部

扎薩克多羅郡王

附多羅貝勒

扎薩克多羅杜棱郡王

附輔國公

阿巴噶部

多羅卓哩克圖郡王

扎薩克一等台吉

扎薩克多羅郡王

附 固山達爾漢貝子

附 輔國達爾漢公

阿巴哈納爾部

扎薩克多羅貝勒

扎薩克固山貝子

欽定續纂外藩蒙古回部王公傳卷之三

傳第三

喀爾喀左翼部西林果勒盟

扎薩克多羅貝勒

初封衮布伊勒登至第八次仍襲扎薩克多羅貝勒巴彥巴圖爾見續傳

八次襲巴彥巴圖爾襲其族叔沙克都爾扎布之扎薩克多羅貝勒爵道光十年襲咸豐二年賞戴雙眼花翎

命在乾清門行走

烏珠穆沁部

扎薩克和碩車臣親王

初封多爾濟至第九次仍襲扎薩克和碩車臣親王朋素克那木濟勒見續傳

九次襲朋素克那木濟勒襲其父多爾濟濟克默特那木濟勒之扎薩克和碩車臣親王爵道光十四年襲二十一年

命在乾清門行走二十二年

賞戴三眼花翎

命在御前行走二十三年

賞紫韁三十年恭送

宣宗成皇帝梓宮奉移

山陵

賞加一級

附鎮國公

初封塔旺扎木素至第四次仍襲鎮國公桑噶扎布見續傳

四次襲桑噶扎布襲其父都噶爾扎布之鎮國公爵道光十八年襲二十一年

賞戴花翎

附

輔國公

初封德勒克旺舒克至第四次仍

襲輔國公車淩多爾濟見續傳

四次襲車淩多爾濟襲其父濟克濟特扎布之

輔國公爵道光二十年襲二十三年

賞戴花翎

扎薩克多羅額爾德尼貝勒

初封色棱至第八次仍襲扎薩克多羅額爾德尼貝勒達克丹見續傳

八次襲達克丹襲其父圖克濟扎布之扎薩克多羅額爾德尼貝勒爵道光五年襲十五年

賞戴雙眼花翎

浩齊特部

扎薩克多羅額爾德尼郡王

初封博羅特至第九次仍襲扎薩克多羅額爾德尼郡王吹精扎布見續傳

九次襲吹精扎布襲其兄額林沁諾爾布之扎薩克多羅額爾德尼郡王爵道光十四年襲十五年

命在乾清門行走

賞戴三眼花翎咸豐三年

命在御前行走

扎薩克多羅郡王後削去扎薩克

初封噶爾瑪色旺至第十次仍襲扎薩克多羅郡王後削去扎薩克永隆珠爾默特見續傳

十次襲永隆珠爾默特襲其父貢楚克棟羅布之扎薩克多羅郡王爵道光九年襲十七年緣事革去扎薩克咸豐二年因病開缺子濟克登噶委章襲

十一次襲濟克登噶委章永隆珠爾默特子道

光十七年襲扎薩克咸豐三年襲多羅郡王

蘇尼特部

扎薩克多羅郡王

初封騰機思至第九次仍襲扎薩克多羅郡王齊旺扎布見續傳

九次襲齊旺扎布襲其父巴勒珠爾雅喇木丕勒之扎薩克多羅郡王爵嘉慶二十五年襲道光九年

賞戴三眼花翎

附

多羅貝勒

初封薩穆扎至第八次仍襲

多羅貝勒散達瓦喇見續傳

八次襲散達瓦喇襲其父那木濟勒多爾濟之

多羅貝勒爵道光二十一年襲二十二年

賞戴雙眼花翎

扎薩克多羅杜稜郡王

初封叟塞至第十二次仍襲扎薩克多羅杜稜郡王布爾呢錫哩見續傳

十二次襲布爾呢錫哩襲其父喇特那西第之扎薩克多羅杜稜郡王爵道光六年襲八年

賞戴三眼花翎

命在乾清門行走咸豐五年卒子一等台吉布達莽噶喇襲

十三次襲布達莽噶喇布爾呢錫哩子咸豐五

年襲扎薩克多羅杜棱郡王

附輔國公

初封多羅貝勒噶爾瑪自降襲輔國公後至第九次仍襲輔國公布彥特古斯見續傳

九次襲布彥特古斯襲其父巴圖鄂齊爾之輔國公爵道光二十三年襲

賞戴花翎

阿巴噶部

多羅卓哩克圖郡王

初封扎薩克多羅卓哩克圖郡王多爾濟第九次削去扎薩克至第十一次仍襲多羅卓哩克圖郡王薩爾濟勒多爾濟見續傳

十一次襲薩爾濟勒多爾濟襲其父那木薩賴多爾濟之多羅卓哩克圖郡王爵道光十六年襲十七年賞戴三眼花翎

命在乾清門行走二十九年卒子扎噶爾祿木卜襲

十二次襲扎噶爾祿木卜薩爾濟勒多爾濟子

道光二十九年襲多羅卓哩克圖郡王

扎薩克一等台吉

初授巴勒丹色棱至第二次仍襲扎薩克一等台吉都噶爾布木見績傳

二次襲都噶爾布木襲其父索諾木多布沁之扎薩克一等台吉爵道光十五年襲

賞戴花翎

欽定續纂外藩蒙古回部王公傳　卷三　三

扎薩克多羅郡王

初封都思噶爾至第八次仍襲扎薩克多羅郡王阿爾達什第見續傳

八次襲阿爾達什第襲其父嘛尼巴達喇之扎薩克多羅郡王爵道光五年襲八年

賞戴三眼花翎十二年

命在乾清門行走二十五年

命在御前行走二十八年授鑲白旗總管二十九年

賞紫韁三十年恭送

宣宗成皇帝梓宮奉移

山陵

賞加一級

附固山達爾漢貝子

初封多爾濟至第六次仍襲固山達爾漢貝子德木楚克達什見續傳

六次襲德木楚克達什襲其父巴雅爾錫第之固山達爾漢貝子爵嘉慶二十二年襲道光十四年

賞戴雙眼花翎咸豐二年卒子二等台吉堆音固爾扎布襲

七次襲堆音固爾扎布德木楚克達什子咸豐

二年襲固山達爾漢貝子

附

輔國達爾漢公

初封固山達爾漢貝子德木楚克自降襲輔國達爾漢公後至第六次仍襲輔國達爾漢公恩克托克托呼見續傳

六次襲恩克托克托呼襲其父薩木丕勒諾爾布之輔國達爾漢公爵道光二十一年襲

欽定續纂外藩蒙古回部王公傳 卷三 五

阿巴哈納爾部

扎薩克多羅貝勒

初封色棱墨爾根至第十次仍襲扎薩克多羅貝勒朋楚克桑布見續傳

十次襲朋楚克桑布襲其父巴喇楚克之扎薩克多羅貝勒爵道光十四年襲十八年

賞戴雙眼花翎二十六年卒無嗣弟達木定扎布襲

十一次襲達木定扎布朋楚克桑布弟道光二十六年襲扎薩克多羅貝勒

欽定續纂外藩蒙古回部王公傳　卷二　五

扎薩克固山貝子

初封棟伊思喇布至第七次仍襲扎薩克固山貝子桑齊薩喇特多布見續傳

七次襲桑齊薩喇特多布襲其父伊達木扎布之扎薩克固山貝子爵道光二十四年襲

賞戴雙眼花翎咸豐三年

命在乾淸門行走

欽定續纂外藩蒙古回部王公傳卷之四目録

四子部落 烏蘭察布盟

扎薩克多羅達爾漢卓哩克圖郡王

茂明安部

扎薩克一等台吉

附 多羅貝勒

烏喇特部

扎薩克鎮國公後削去扎薩克

扎薩克鎮國公

扎薩克輔國公

喀爾喀右翼部

扎薩克多羅達爾漢貝勒

附 固山卓哩克圖貝子

附 固山貝子

附 鎮國公

鄂爾多斯部 伊克昭盟

扎薩克多羅郡王

附 二等台吉

扎薩克多羅貝勒

扎薩克固山貝子

扎薩克固山貝子

扎薩克固山貝子

扎薩克固山貝子

扎薩克一等台吉

欽定續纂外藩蒙古回部王公傳卷之四

傳第四

四子部落 烏蘭察布盟

扎薩克多羅達爾漢卓哩克圖郡王

初封鄂木布至第十次仍襲扎薩克多羅達爾漢卓哩克圖郡王伊什齊當見續傳

十次襲伊什齊當襲其兄伊什楚克嚕布之扎薩克多羅達爾漢卓哩克圖郡王爵道光七年

襲十三年

賞戴三眼花翎

命在乾清門行走

茂明安部

扎薩克一等台吉

初授僧格至第七次仍襲扎薩克一等台吉綽克巴達爾呼見續傳

七次襲綽克巴達爾呼襲其父達特巴扎木蘇之扎薩克一等台吉爵道光十六年襲

附 多羅貝勒

初封固穆巴圖爾至第八次仍

襲多羅貝勒格楚克見續傳

八次襲格楚克襲其祖達木丕勒之多羅貝勒

爵道光十九年襲

賞戴雙眼花翎

烏喇特部

扎薩克鎮國公後削去扎薩克

初封圖巴至第九次仍襲扎薩克鎮國公後削去扎薩克喇特那巴喇見續傳

九次襲喇特那巴喇襲其父車布登棟囉布之

扎薩克鎮國公爵嘉慶七年襲十二年扈

駕木蘭行圍

命在乾清門行走

賞戴花翎穿黃馬褂道光十四年緣事革去扎薩克

扎薩克鎮國公

初封鄂班至第十三次仍襲扎薩克鎮國公噶勒當旺楚克多爾濟見續傳

十三次襲噶勒當旺楚克多爾濟襲其父巴圖諤齊爾之扎薩克鎮國公爵道光十四年襲咸豐四年卒子二等台吉貢蘇隆扎布襲

十四次襲貢蘇隆扎布噶勒當旺楚克多爾濟子咸豐四年襲扎薩克鎮國公

扎薩克輔國公

初封巴克巴海至第九次仍襲扎薩克輔國公喇旺里克津見續傳

九次襲喇旺里克津襲其父車楞旺楚克多爾濟之扎薩克輔國公爵道光十一年襲三十年授副盟長

喀爾喀右翼部

扎薩克多羅達爾漢貝勒

初封扎薩克和碩達爾漢親王本塔爾自降襲多羅貝勒後至第八次仍襲扎薩克多羅達爾漢貝勒索特那木多爾濟見續傳

八次襲索特那木多爾濟襲其父齊旺多布齊之扎薩克多羅達爾漢貝勒爵道光二十四年襲

附固山卓哩克圖貝子

初封多羅卓哩克圖郡王袞布自降襲固山貝子後至第八次仍襲固山卓哩克圖貝子允丹該

魯布見續傳

八次襲允丹該魯布襲其繼父吉禮克喇錫之固山卓哩克圖貝子爵嘉慶二十五年襲

附

固山貝子

初封本巴什希至第八次仍襲固山貝子阿迪雅見續傳

八次襲阿迪雅襲其父喇什那穆扎勒之固山貝子爵嘉慶九年襲道光十四年

賞戴雙眼花翎三十年卒子二等台吉沙喇布功額襲

九次襲沙喇布功額阿迪雅子道光三十年襲

固山貝子

附鎮國公

初封薩瑪第至第七次仍

襲鎮國公貢桑見續傳

七次襲貢桑襲其父噶勒桑車淩之鎮國公爵

道光二十年襲

鄂爾多斯部伊克昭盟

扎薩克多羅郡王

初封額琳臣至第十一次仍襲扎薩克多羅郡王圖們濟爾噶勒見續傳

十一次襲圖們濟爾噶勒襲其父巴保多爾濟之多羅郡王爵道光十一年襲扎薩克十四年

賞戴三眼花翎

命在乾清門行走十八年襲多羅郡王

附

二等台吉

初封輔國公色布騰諾爾布至第四次

降襲二等台吉當蘇隆多爾濟見續傳

四次襲當蘇隆多爾濟由其父丹津多爾濟所襲之輔國公爵降襲二等台吉嘉慶四年襲

扎薩克多羅貝勒

初封善丹至第八次仍襲扎薩克多羅貝勒貢藏喇布坦扎木素見續傳

八次襲貢藏喇布坦扎木素襲其父索諾木喇布齋根敦之扎薩克多羅貝勒爵道光十八年襲咸豐元年卒嗣子額爾德呢綽克圖襲

九次襲額爾德呢綽克圖貢藏喇布坦扎木素嗣子咸豐三年襲扎薩克多羅貝勒

扎薩克固山貝子

初封扎薩克鎮國公小扎木素自晉襲固山貝子後至第十一次仍襲扎薩克固山貝子敬密特多布扎勒見續傳

十一次襲敬密特多布扎勒襲其父端多布色楞之扎薩克固山貝子爵道光二十一年襲

扎薩克固山貝子

初封沙克雅至第七次仍襲扎薩克固山貝子達什多爾濟見續傳

七次襲達什多爾濟襲其父永嚨多爾濟之扎薩克固山貝子爵道光八年襲十七年

賞戴雙眼花翎咸豐二年

命在乾清門行走

欽定續纂外藩蒙古回部王公傳　卷四　三

扎薩克固山貝子

初封額琳沁至第九次仍襲扎薩克固山貝子巴達爾呼見續傳

九次襲巴達爾呼襲其父桑寨旺沁之扎薩克固山貝子爵道光九年襲二十五年

賞戴雙眼花翎

扎薩克固山貝子

初封色稜至第七次仍襲扎薩克固山貝子察克都爾色楞見續傳

七次襲察克都爾色楞襲其父額爾德尼桑之扎薩克固山貝子爵道光元年襲十三年
賞戴雙眼花翎咸豐二年卒子扎那吉爾迪襲

八次襲扎那吉爾迪察克都爾色楞子道光二十七年
賞戴花翎咸豐二年襲扎薩克固山貝子

扎薩克一等台吉

初授定咱喇什至第五次仍襲扎薩克一等台吉恩克巴雅爾見續傳

五次襲恩克巴雅爾襲其父色楞德濟特之扎薩克一等台吉爵道光十八年襲二十二年

賞戴花翎咸豐元年授副盟長

欽定續纂外藩蒙古回部王公傳卷之五目錄

喀爾喀土謝圖汗部 汗阿林盟

土謝圖汗

扎薩克多羅郡王

扎薩克固山貝子

扎薩克和碩親王

附一等台吉

扎薩克多羅郡王

扎薩克一等台吉

扎薩克輔國公

扎薩克輔國公

公品級扎薩克一等台吉

扎薩克鎮國公

扎薩克輔國公

扎薩克輔國公

扎薩克輔國公

扎薩克一等台吉

扎薩克一等台吉

扎薩克一等台吉

扎薩克一等台吉

扎薩克一等台吉

扎薩克一等台吉

扎薩克一等台吉

欽定續纂外藩蒙古回部王公傳　卷五

二

欽定續纂外藩蒙古回部王公傳卷之五

傳第五

喀爾喀土謝圖汗部汗阿林盟

土謝圖汗

初封察琿多爾濟至第十二次仍襲土謝圖汗車林多爾濟見續傳

十二次襲車林多爾濟襲其兄雅淩泰之土謝圖汗爵道光十二年襲十七年

命在乾清門行走

賞戴三眼花翎十九年

命在御前行走二十年

賞紫韁二十八年

賞黄韁

扎薩克多羅郡王

初封固魯什喜至第八次仍襲扎薩克多羅郡王喇素嚨巴咱爾見續傳

八次襲喇素嚨巴咱爾襲其父達克丹多爾濟之扎薩克多羅郡王爵道光七年襲十六年

賞戴三眼花翎二十四年

命在乾清門行走

扎薩克固山貝子

初封扎薩克多羅郡王噶勒丹多爾濟自降襲固山貝子後至第八次仍襲扎薩克固山貝子德勒克多爾濟見續傳

八次襲德勒克多爾濟襲其父綸布多爾濟之扎薩克固山貝子爵道光十二年襲

命在乾清門行走

賞戴雙眼花翎十五年授庫倫幫辦大臣

命在御前行走十七年

賞紫禁城騎馬十九年

賞紫韁二十六年伊母病故

賞銀四百兩辦理喪事

扎薩克和碩親王

初封扎薩克多羅貝勒車木楚克納木扎勒自晉襲和碩親王後至第六次仍襲扎薩克和碩親王額林沁多爾濟見續傳

六次襲額林沁多爾濟襲其父車登多爾濟之扎薩克和碩親王爵道光十八年襲

命在乾清門行走

賞戴三眼花翎二十一年

命在御前行走二十二年

賞紫韁二十八年

賞黄韁咸豐四年因病開缺子車林多爾濟襲

七次襲車林多爾濟額林沁多爾濟子咸豐四

年襲扎薩克和碩親王

附

一等台吉

初封公品級一等台吉三濟扎布至第二次停襲公品級襲一等台吉貢楚克達什見續傳

二次襲貢楚克達什襲其父三都布多爾濟之一等台吉爵嘉慶十五年襲

扎薩克多羅郡王

初封扎薩克多羅貝勒西第什哩自晉襲郡王後至第五次仍襲扎薩克多羅郡王那遜巴圖見續傳

五次襲那遜巴圖襲其父多爾濟喇布坦之扎薩克多羅郡王爵道光十五年

賞戴花翎

命在乾清門行走十九年襲爵

賞戴三眼花翎二十四年

賞紫韁二十五年補鑲黄旗蒙古都統三十年卒

賞銀五百兩治喪

派奈曼郡王德木楚克扎布前往奠醊子鄂特薩爾巴

咱爾襲

六次襲鄂特薩爾巴咱爾那遜巴圖子道光三

十年襲扎薩克多羅郡王咸豐五年

賞戴三眼花翎

命在御前行走

扎薩克一等台吉

初封扎薩克固山貝子錫布推哈坦巴圖爾自晉襲多羅郡王降襲一等台吉後至第六次仍襲扎薩克一等台吉車林多爾濟見續傳

六次襲車林多爾濟襲其父依達木扎布之扎薩克一等台吉爵嘉慶二十年襲

扎薩克輔國公

初封車淩巴勒至第五次仍襲扎薩克輔國公喇布丹多爾濟見續傳

五次襲喇布丹多爾濟襲其父車林扎布之扎薩克輔國公爵道光五年襲

扎薩克輔國公

初封巴海至第六次仍襲扎薩克輔國公達什多爾濟見續傳

六次襲達什多爾濟襲其父三都布敏珠爾之扎薩克輔國公爵道光十一年襲

公品級扎薩克一等台吉

初封扎薩克貝子品級輔國公三達克多爾濟一次襲扎薩克輔國公二次降襲公品級扎薩克一等台吉第三次仍襲公品級扎薩克一等台吉綳楚克多爾濟見續傳

三次襲綳楚克多爾濟襲其父色楞多爾濟之公品級扎薩克一等台吉爵嘉慶二十三年襲道光二十六年因病開缺子奇莫特多爾濟襲

四次襲奇莫特多爾濟綳楚克多爾濟子道光

二十六年襲公品級扎薩克一等台吉

賞戴花翎

扎薩克鎮國公

初授扎薩克一等台吉禮塔爾自晉襲固山貝子降襲鎮國公後至第五次仍襲扎薩克鎮國公巴勒達爾多爾濟見續傳

五次襲巴勒達爾多爾濟襲其父索諾木旺楚克之扎薩克鎮國公爵道光十七年襲

賞戴花翎咸豐三年

命在乾清門行走

扎薩克輔國公

初授扎薩克一等台吉巴朗自晉襲輔國公後至第八次仍襲扎薩克輔國公當素隴多爾濟見續傳

八次襲當素隴多爾濟襲其父巴勒多爾濟之扎薩克輔國公爵道光二十一年襲

賞戴花翎三十年卒子車登多爾濟襲

九次襲車登多爾濟當素隴多爾濟子道光三十年襲扎薩克輔國公

扎薩克輔國公

初授扎薩克一等台吉巴勒珠爾多爾濟自晉襲輔國公後至第六次仍襲扎薩克輔國公濟克濟特多爾濟見續傳

六次襲濟克濟特多爾濟襲其兄喇布丹多爾濟之扎薩克輔國公爵道光十七年襲三十年卒子旺楚克察克都爾蘇倫襲

七次襲旺楚克察克都爾蘇倫濟克濟特多爾濟子道光三十年襲扎薩克輔國公

扎薩克輔國公

初授扎薩克一等台吉辰丕勒多爾濟自晉襲輔國公後至第六次仍襲扎薩克輔國公達什多爾濟見續傳

六次襲達什多爾濟襲其兄和羅齊之扎薩克輔國公爵道光九年襲二十二年賞戴花翎二十八年卒子桑當蘇倫襲

七次襲桑當蘇倫達什多爾濟子道光二十八年襲扎薩克輔國公

欽定續纂外藩蒙古回部王公傳
卷五
十四

扎薩克一等台吉

初授車淩至第八次仍襲扎薩克一等台吉烏都木濟見續傳

八次襲烏都木濟襲其兄沙克都爾扎布之扎薩克一等台吉爵道光二十三年襲二十六年

賞戴花翎

扎薩克一等台吉

初授車琳扎布至第五次仍襲扎薩克一等台吉車林端多布見續傳

五次襲車林端多布襲其父那木濟勒多爾濟之扎薩克一等台吉爵道光二十一年襲

扎薩克一等台吉
初授齊旺多爾濟至第五次仍襲扎薩
克一等台吉那木濟勒多爾濟見續傳
五次襲那木濟勒多爾濟襲其祖齊巴克扎布
之扎薩克一等台吉爵嘉慶十一年襲道光二
十二年
賞戴花翎

扎薩克一等台吉

初授開木楚克至第六次仍襲扎薩
克一等台吉額淩多爾濟見續傳

六次襲額淩多爾濟襲其父棟多布多爾濟之
扎薩克一等台吉爵道光七年襲八年
賞戴花翎

扎薩克一等台吉

初授成袞扎布至第六次仍襲扎薩克一等台吉喇特納什奇見續傳

六次襲喇特納什奇襲其父章楚布多爾濟之扎薩克一等台吉爵道光十年襲二十三年賞戴花翎三十年卒子額勒克章端都布郭瓦楚瓦襲

七次襲額勒克章端都布郭瓦楚瓦喇特納什奇子道光三十年襲扎薩克一等台吉

扎薩克一等台吉

初授朋素克喇布坦至第五次仍襲扎薩克一等台吉嘎木丕勒多爾濟見續傳

五次襲嘎木丕勒多爾濟襲其父固嚕扎布之扎薩克一等台吉爵嘉慶二十三年襲道光十九年

賞戴花翎

扎薩克一等台吉

初授遜篤布至第四次仍襲扎薩
克一等台吉巴勒當棍布見續傳

四次襲巴勒當棍布襲其兄旺沁多爾濟之扎
薩克一等台吉爵道光八年襲二十二年
賞戴花翎咸豐三年卒子達爾瑪僧格襲
五次襲達爾瑪僧格巴勒當棍布子咸豐三年
襲扎薩克一等台吉

欽定續纂外藩蒙古回部王公傳卷之六目錄

喀爾喀車臣汗部 克魯倫巴爾斯霍坦盟

車臣汗

附 輔國公

扎薩克和碩親王

扎薩克多羅郡王

附 多羅貝勒

扎薩克多羅貝勒

扎薩克固山貝子

扎薩克固山貝子

扎薩克輔國公

扎薩克一等台吉

附鎮國公

扎薩克鎮國公

扎薩克輔國公

扎薩克一等台吉

扎薩克一等台吉

公品級扎薩克一等台吉

扎薩克一等台吉

扎薩克一等台吉

扎薩克一等台吉

扎薩克一等台吉

扎薩克一等台吉

扎薩克一等台吉

扎薩克一等台吉

扎薩克一等台吉

扎薩克一等台吉

扎薩克一等台吉

欽定續纂外藩蒙古回部王公傳卷之六

傳第六

喀爾喀車臣汗部克魯倫巴爾斯霍坦盟

車臣汗

初封烏默客至第十二次仍襲車臣汗阿爾塔錫達見續傳

十二次襲阿爾塔錫達襲其父恩克圖魯之車臣汗爵嘉慶二十三年襲二十五年

命在乾清門行走道光三年

命在御前行走五年

賞黄韁咸豐三年補授烏里雅蘇台參贊大臣

附輔國公

初封三濟扎布至第四次仍
襲輔國公巴圖圖魯見續傳

四次襲巴圖圖魯襲其父車登扎布之輔國公
爵嘉慶十六年襲道光十一年
賞戴花翎

扎薩克和碩親王

初封扎薩克多羅郡王納木扎勒自晉襲和碩親王後至第七次仍襲扎薩克和碩親王車林多爾濟見續傳

七次襲車林多爾濟襲其父瑪呢巴咱爾之扎薩克和碩親王爵道光五年襲十九年

命在乾清門行走

賞戴三眼花翎二十二年

命在御前行走二十四年

賞紫韁咸豐三年

賞黄韁

扎薩克多羅郡王

初封朋素克至第七次仍襲扎薩克多羅郡王托克托瑚圖魯見續傳

七次襲托克托瑚圖魯襲其父巴圖鄂齊爾之扎薩克多羅郡王爵道光元年襲

賞戴三眼花翎九年

命在乾清門行走二十三年

賞紫韁二十五年

命在御前行走

附多羅貝勒

初封多羅郡王貢格三丕勒自降襲貝勒後至第四次仍襲多羅貝勒斡當當準車林見續傳

四次襲斡當當準車林襲其父索諾木多布沁之多羅貝勒爵道光二十二年襲二十七年賞戴雙眼花翎

扎薩克多羅貝勒

初封車布登至第五次仍襲扎薩克多羅貝勒貢楚克扎布見續傳

五次襲貢楚克扎布襲其父那木濟勒多爾濟之扎薩克多羅貝勒爵道光二十三年襲二十五年

賞戴雙眼花翎

命在乾清門行走

扎薩克固山貝子

初封扎薩克多羅貝勒布達扎布自降襲固山貝子後至第六次仍襲扎薩克固山貝子朋楚克多爾濟見續傳

六次襲朋楚克多爾濟襲其兄維多布齊旺之扎薩克固山貝子爵嘉慶十五年襲道光二十七年卒子德濟特多爾濟襲

七次襲德濟特多爾濟朋楚克多爾濟子道光二十七年襲扎薩克固山貝子二十九年

賞戴雙眼花翎

扎薩克固山貝子

初封達哩至第七次仍襲扎薩克固山貝子敏珠爾多爾濟見續傳

七次襲敏珠爾多爾濟襲其父蘊端巴雅爾之扎薩克固山貝子爵道光十五年襲

賞戴雙眼花翎

扎薩克輔國公

初封扎薩克固山貝子車布登自降襲輔國公後至第六次仍襲扎薩克輔國公棍布扎布見續傳

六次襲棍布扎布襲其父僧格多爾濟之扎薩克輔國公爵道光元年襲二十九年卒子貢楚克車林襲

七次襲貢楚克車林棍布扎布子道光二十九年襲扎薩克輔國公咸豐五年卒無嗣弟成里

克多爾濟襲

八年襲成里克多爾濟貢楚克車林弟咸豐五

年襲扎薩克輔國公

扎薩克一等台吉

初封扎薩克固山貝子阿南達自降襲一等台吉後至第七次仍襲扎薩克一等台吉敏珠爾多爾濟見續傳

七次襲敏珠爾多爾濟襲其父車登多爾濟之扎薩克一等台吉爵嘉慶十一年襲道光二十三年

賞戴花翎二十七年卒無嗣弟伊特興諾爾布襲

八次襲伊特興諾爾布敏珠爾多爾濟弟道光

二十七年襲扎薩克一等台吉

附鎮國公

初封旺沁扎布第一次仍襲鎮國公垂準扎布見續傳

一次襲垂準扎布襲其父旺沁扎布之鎮國公爵乾隆四十八年襲

扎薩克鎮國公

初封車布登至第七次仍襲扎薩克鎮國公額爾德尼托克塔噶勒見續傳

七次襲額爾德尼托克塔噶勒襲其兄索諾木達爾佳之扎薩克鎮國公爵道光二十四年襲

欽定續纂外藩蒙古回部王公傳　卷十八　三

扎薩克輔國公

初封車凌旺布至第三次仍襲扎薩克輔國公齊旺多爾濟見續傳

三次襲齊旺多爾濟襲其父袞楚克多爾濟之扎薩克輔國公爵乾隆五十九年襲嘉慶十六年扈

駕木蘭行圍

賞戴花翎道光二十七年卒子棍布扎布襲

四次襲棍布扎布齊旺多爾濟子道光二十七

年襲扎薩克輔國公

扎薩克一等台吉

初封扎薩克輔國公車淩達什自降襲一等台吉後至第七次仍襲扎薩克一等台吉藍準多布坦

多爾濟見續傳

七次襲藍準多布坦多爾濟襲其父那木濟勒多爾濟之扎薩克一等台吉爵道光十六年襲

扎薩克一等台吉

初封扎薩克輔國公車淩多岳特自降襲一等台吉後至第五次仍襲扎薩克一等台吉都噶爾車木布勒見續傳

五次襲都噶爾車木布勒襲其父車都布多爾濟之扎薩克一等台吉爵道光十八年襲二十七年卒子奇達爾巴喇襲

六次襲奇達爾巴喇都噶爾車木布勒子道光二十七年襲扎薩克一等台吉咸豐二年

賞戴花翎

公品級扎薩克一等台吉

初授扎薩克一等台吉多爾濟達什自晉襲公品級後至第五次仍襲公品級扎薩克一等台吉瑪哈蘇噶見續傳

五次襲瑪哈蘇噶襲其父薩滿達巴達喇之公品級扎薩克一等台吉爵道光九年襲二十六年

賞戴花翎

欽定續纂外藩蒙古回部王公傳　卷十八　二十六

扎薩克一等台吉

初授固嚕扎布至第六次仍襲扎薩克一等台吉濟克默特多爾濟見續傳

六次襲濟克默特多爾濟其從兄德木楚克多爾濟之扎薩克一等台吉爵道光五年襲二十四年

賞戴花翎咸豐二年

命在乾清門行走

扎薩克一等台吉

初授色棱達什至第五次仍襲扎薩克一等台吉車林達什見續傳

五次襲車林達什襲其父扎木薩朗扎布之扎薩克一等台吉爵嘉慶九年襲道光二十一年

賞戴花翎

扎薩克一等台吉

初授梶楚克至第七次仍襲扎薩克一等台吉達爾瑪扎布見續傳

七次襲達爾瑪扎布襲其父扎木薩蘭扎布之扎薩克一等台吉爵道光五年襲二十一年

賞戴花翎

欽定續纂外藩蒙古回部王公傳　卷十八　末

扎薩克一等台吉

初授韶賚至第六次仍襲扎薩克

一等台吉喇布丹多爾濟見續傳

六次襲喇布丹多爾濟襲其父當蘇隴扎布之

扎薩克一等台吉爵嘉慶二十三年襲咸豐二

年

賞戴花翎

扎薩克一等台吉

初授羅卜藏至第八次仍襲扎薩克一等台吉布揚德勒格爾見續傳

八次襲布揚德勒格爾襲其父車登噶瓦之扎薩克一等台吉爵道光二十二年襲咸豐四年卒子柰約特多爾濟襲

九次襲柰約特多爾濟布揚德勒格爾子咸豐四年襲扎薩克一等台吉

扎薩克一等台吉

初授垂扎木素至第七次仍襲扎薩克一等台吉杜喇木扎布見續傳

七次襲杜喇木扎布襲其父桑都布多爾濟之扎薩克一等台吉爵道光十八年襲

扎薩克一等台吉

初授額爾德尼至第七次仍襲扎薩克一等台吉巴雅爾錫達見續傳

七次襲巴雅爾錫達襲其父達木丹車凌之扎薩克一等台吉爵道光九年襲

扎薩克一等台吉

初授根敦至第六次仍襲扎薩克一等台吉車林端多布見續傳

六次襲車林端多布襲其父綳楚克多爾濟之

扎薩克一等台吉爵道光二十三年襲

扎薩克一等台吉

初授吹音珠爾至第七次仍襲扎薩克一等台吉棍布扎布見續傳

七次襲棍布扎布襲其父車楞多爾濟之扎薩克一等台吉爵道光五年襲

扎薩克一等台吉

初授旺扎勒扎布至第五次仍襲扎薩克一等台吉貢噶爾扎布見續傳

五次襲貢噶爾扎布襲其父袞布扎布之扎薩克一等台吉爵道光三年襲

欽定續纂外藩蒙古回部王公傳卷之七目錄

喀爾喀扎薩克圖汗部 扎克畢賚色欽畢都哩業諾爾盟
扎薩克圖汗兼多羅郡王
附 公品級三等台吉
郡王品級扎薩克多羅貝勒
扎薩克鎮國公
扎薩克輔國公
扎薩克輔國公

扎薩克輔國公

扎薩克輔國公

附輔國公

扎薩克輔國公

扎薩克輔國公

扎薩克鎮國公

扎薩克一等台吉

扎薩克一等台吉

附輔國公

扎薩克一等台吉

扎薩克一等台吉

扎薩克一等台吉

扎薩克一等台吉

扎薩克一等台吉

扎薩克一等台吉

附厄魯特扎薩克一等台吉

欽定續纂外藩蒙古回部王公傳卷之七

傳第七

喀爾喀扎薩克圖汗部 扎克畢賚色欽畢都哩業諾爾盟

扎薩克圖汗兼多羅郡王

初封扎薩克多羅郡王朋素克喇布坦自襲扎薩克圖汗兼多羅郡王後至第六次仍襲扎薩克圖汗兼多羅郡王車林端多布見續傳

六次襲車林端多布襲其父瑪呢巴雜爾之扎薩克圖汗兼多羅郡王爵道光二十年襲

附

公品級三等台吉

初封輔國公格色克自降襲公品級三等台吉後至第三次仍襲公品級三等台吉

阿毓爾扎那見續傳

三次襲阿毓爾扎那襲其祖幹珠爾扎布之公品級三等台吉爵道光十五年襲

郡王品級扎薩克多羅貝勒

初封扎薩克多羅貝勒根敦自晉襲郡王品級後至第七次仍襲郡王品級扎薩克多羅貝勒曼達爾瓦見續傳

七次襲曼達爾瓦襲其父成敦扎布之郡王品級扎薩克多羅貝勒爵嘉慶十九年襲咸豐四年卒子多布濟扎木楚襲

八次襲多布濟扎木楚曼達爾瓦子咸豐四年襲郡王品級扎薩克多羅貝勒

扎薩克鎮國公

初封扎薩克多羅貝勒卓特巴自降襲鎮國公後至第七次仍襲扎薩克鎮國公剛當多爾濟

見續傳

七次襲剛當多爾濟襲其父扎木薩琳扎布之扎薩克鎮國公爵嘉慶二十三年襲

扎薩克輔國公

初封扎薩克固山貝子博貝自降襲輔國公後至第五次仍襲扎薩克輔國公旺丹多爾濟見續傳

五次襲旺丹多爾濟襲其父達布喇車林之扎薩克輔國公爵道光六年襲十年

賞戴花翎二十九年卒子濟克默特多爾濟襲

六次襲濟克默特多爾濟旺丹多爾濟子道光二十九年襲扎薩克輔國公

扎薩克輔國公

初封索諾木伊斯扎布至第六次仍襲扎薩克輔國公車登端多布多爾濟見續傳

六次襲車登端多布多爾濟襲其父桑都布多爾濟之扎薩克輔國公爵道光二十二年襲二十五年

賞戴花翎

扎薩克輔國公

初封袞占至第六次仍襲扎薩克輔國公薩達巴雅爾見續傳

六次襲薩達巴雅爾襲其父齊旺達什之扎薩克輔國公爵道光十四年襲

欽定續纂外藩蒙古回部王公傳　卷十

扎薩克輔國公

初封通謨克至第四次仍襲扎薩克輔國公索諾木車凌見續傳

四次襲索諾木車凌襲其父車登多爾濟之扎薩克輔國公爵嘉慶十六年襲咸豐四年卒子達什喇布坦襲

五次襲達什喇布坦索諾木車凌子咸豐四年襲扎薩克輔國公

附

輔國公

初封徹埒克至第五次仍襲輔國公章達喇密濟特見續傳

五次襲章達喇密濟特襲其父當素嚨之輔國公爵道光二十四年襲咸豐二年賞戴花翎

扎薩克輔國公

初封沙克扎至第三次仍襲扎薩克輔國公沙克都爾扎布見續傳

三次襲沙克都爾扎布襲其父車都布之扎薩克輔國公爵嘉慶八年襲道光二十八年因病開缺子多爾濟扎布襲

四次襲多爾濟扎布沙克都爾扎布子道光二十八年襲扎薩克輔國公二十九年

賞戴花翎

欽定續纂外藩蒙古回部王公傳　卷十　十

扎薩克輔國公

初封輔國公齊巴克扎布自授扎薩克後至第三次仍襲扎薩克輔國公扎穆巴喇見續
傳

三次襲扎穆巴喇襲其父吹蘇嚨之扎薩克輔國公爵嘉慶十二年襲咸豐四年卒子貢格多爾濟襲

四次襲貢格多爾濟扎穆巴喇子咸豐四年襲扎薩克輔國公

扎薩克鎮國公

初封公品級扎薩克一等台吉喇布坦自晉襲鎮國公後至第三次仍襲扎薩克鎮國公噶勒桑端多布見續傳

三次襲噶勒桑端多布襲其父雲端達什之扎薩克鎮國公爵道光十二年襲

扎薩克一等台吉

初授額爾德尼哀布至第八次仍襲扎薩克一等台吉莽濟巴雅爾見續傳

八次襲莽濟巴雅爾襲其父蘊端多爾濟之扎薩克一等台吉爵道光十二年襲

扎薩克一等台吉

初授烏爾占至第七次仍襲扎薩克一等台吉桑凊濟蘇嚨見續傳

七次襲桑清濟蘇嚨襲其父車淩多爾濟之扎薩克一等台吉爵道光二十五年襲

附輔國公

初封袞布扎布至第五次仍襲輔國公哈斯車林見續傳

五次襲哈斯車林襲其父納木濟勒多爾濟之輔國公爵道光十二年襲

扎薩克一等台吉

初授哈瑪爾岱青至第五次仍襲扎薩克一等台吉都喇木扎布見續傳

五次襲都喇木扎布襲其父丹巴達爾濟之扎薩克一等台吉爵嘉慶二十四年襲咸豐元年卒無嗣弟達克丹多爾濟襲

六次襲達克丹多爾濟都喇木扎布弟咸豐元年襲扎薩克一等台吉

扎薩克一等台吉

初授納瑪琳藏布至第七次仍襲扎薩克一等台吉噶勒當袞多布見續傳

七次襲噶勒當袞多布襲其父齊素隴多爾濟之扎薩克一等台吉爵嘉慶十三年襲道光二十七年卒子瑪克蘇爾扎布襲

八次襲瑪克蘇爾扎布噶勒當袞多布子道光二十七年襲扎薩克一等台吉

扎薩克一等台吉

初授伊達木扎布至第四次仍襲扎薩克一等台吉額林沁丕勒見續傳

四次襲額林沁丕勒襲其祖巴噶圖爾之扎薩克一等台吉爵道光七年襲二十四年

賞戴花翎

扎薩克一等台吉

初授達什朋楚克至第三次仍襲扎薩克一等台吉垂恭楚克達什見續傳

三次襲垂恭楚克達什襲其父濟克默特車布登之扎薩克一等台吉爵道光元年襲十五年

賞戴花翎

扎薩克一等台吉

初授普爾普車淩至第六次仍襲扎薩克一等台吉諾爾布扎勒見續傳

六次襲諾爾布扎勒襲其父塔爾巴海之扎薩克一等台吉爵嘉慶二十五年襲道光二十七年

賞戴花翎二十八年卒子斡克德勒格楞桂襲

七次襲斡克德勒格楞桂諾爾布扎勒子道光二十八年襲扎薩克一等台吉

扎薩克一等台吉

初授諾爾布至第三次仍襲扎薩克一等台吉齊旺扎布見續傳

三次襲齊旺扎布襲其父齊松扎布之扎薩克一等台吉爵嘉慶二十三年襲咸豐二年卒子拜扎把扎爾扎布襲

四次襲拜扎把扎爾扎布齊旺扎布子咸豐二年襲扎薩克一等台吉

附

厄魯特扎薩克一等台吉

初授一等台吉噶勒丹達爾扎自授扎薩克後至第三次仍襲扎薩克一等台吉喇旺班珠爾

見續傳

三次襲喇旺班珠爾襲其父薩木丕勒諾爾布之扎薩克一等台吉爵嘉慶十二年襲是年扈

駕木蘭行圍

賞戴花翎道光三十年卒子達木丹瓦齊爾襲

四次襲達木丹瓦齊爾喇旺班珠爾子道光三

十年襲扎薩克一等台吉

欽定續纂外藩蒙古回部王公傳卷之八目錄

喀爾喀賽因諾顏部齊齊爾里克盟
扎薩克和碩親王兼襲賽因諾顏爵號
附鎮國公
附一等台吉
扎薩克和碩親王
附固山貝子
附輔國公

附輔國公

扎薩克多羅郡王

扎薩克多羅貝勒

扎薩克多羅郡王

扎薩克多羅貝勒

扎薩克輔國公

扎薩克輔國公

扎薩克輔國公

扎薩克輔國公

公品級扎薩克一等台吉

扎薩克鎮國公

附輔國公

扎薩克輔國公

扎薩克一等台吉

扎薩克一等台吉

扎薩克一等台吉

附輔國公

扎薩克一等台吉

扎薩克一等台吉

扎薩克一等台吉

附公品級三等台吉

扎薩克一等台吉

扎薩克一等台吉

扎薩克一等台吉

附厄魯特扎薩克固山貝子

附厄魯特扎薩克固山貝子

阿拉善厄魯特部

扎薩克和碩親王

附公品級一等台吉

附鎮國公

附鎮國公

欽定續纂外藩蒙古回部王公傳卷之八

傳第八

喀爾喀賽因諾顏部齊齊爾里克盟

扎薩克和碩親王兼襲賽因諾顏爵號

初封扎薩克和碩親王善巴自兼襲賽因諾顏後至第八次仍襲扎薩克和碩親王兼賽因諾顏車林多爾濟見續傳

八次襲車林多爾濟襲其父朋楚克達什之扎薩克和碩親王兼賽因諾顏爵嘉慶二十二年

襲道光六年

賞紫韁七年授烏里雅蘇台參贊大臣九年

命在御前行走十七年

賞黃韁咸豐三年卒

賞銀一千兩治喪

派散秩大臣廣林前往奠醊子德木吹襲

九次襲德木吹車林多爾濟子咸豐三年襲扎

薩克和碩親王兼賽因諾顏爵

附鎮國公

初封固山貝子諾爾布扎布自降襲鎮國公後至第四次仍襲鎮國公扎納扎布見續傳

四次襲扎納扎布襲其父朋楚克達什之鎮國公爵嘉慶八年襲道光二十九年卒子車林端多布襲

五次襲車林端多布扎納扎布子道光二十九年襲鎮國公

附

一等台吉

初授公品級一等台吉三丕勒多爾濟至第三次停襲公品級第四次仍襲一等台吉喇特那希迪見續傳

四次襲喇特那希迪襲其父滾布之一等台吉爵道光二十五年襲

扎薩克和碩親王

初封策淩至第四次仍襲扎薩克和碩親王車登巴咱爾見續傳

四次襲車登巴咱爾襲其父巴彥濟爾噶勒之扎薩克和碩親王爵嘉慶二十二年襲道光元年

賞戴三眼花翎八年

命在御前行走十九年

賞穿黃馬褂

命管理嚮導處事務二十二年授正紅旗蒙古都統二
十四年
賞黃轡八月管理善撲營事務二十五年授正白旗領
侍衛內大臣管理黏桿處事務二十六年丁母
憂
賞銀三百兩治喪二十七年
命總理行營事務咸豐元年三月
命管理騎射差使二年薨逝

諭曰喀爾喀親王車登巴咱爾在御前行走多年一切
差使尚屬勤慎奮勉茲聞溘逝朕深憫惻著加恩賞
給陀羅經被派惇郡王奕誴帶領侍衛十員前往奠
醊由廣儲司賞銀一千兩經理喪事任內一切處分
悉予開復應得卹典該衙門察例具奏伊子達爾瑪
業已七歲俟百日孝滿即著承襲王爵毋庸帶領引
見以示朕慈愛蒙古世僕至意

五次襲達爾瑪車登巴咱爾子咸豐二年襲扎

薩克和碩親王

賞戴三眼花翎三年因歷次捐備軍餉從優議敘

附固山貝子

初封多羅貝勒恭格喇布坦自降襲固山貝子後至第五次仍襲固山貝子巴勒多爾濟見

續傳

五次襲巴勒多爾濟襲其父巴勒珠爾遜都布之固山貝子爵嘉慶二十三年襲道光二十九年卒子津巴里克什特襲

六次襲津巴里克什特巴勒多爾濟子道光二十九年襲固山貝子

附輔國公

初封額爾克沙喇至第五次仍襲

輔國公密濟特多爾濟見續傳

五次襲密濟特多爾濟襲其父布呢達哩之輔

國公爵道光二十四年襲

附輔國公

初封佛保至第三次仍襲輔國公桑都克多爾濟見續傳

三次襲桑都克多爾濟襲其父格哩克敦多布之輔國公爵嘉慶二十三年襲道光十五年

賞戴花翎三十年因病開缺子濟克濟特瓦齊爾襲

四次襲濟克濟特瓦齊爾桑都克多爾濟子道光三十年襲輔國公

扎薩克多羅郡王

初封車布登扎布至第五次仍襲扎薩克多羅郡王達爾瑪巴咱爾見續傳

五次襲達爾瑪巴咱爾襲其父車林棍布之扎薩克多羅郡王爵道光十七年襲咸豐四年卒無嗣弟桑噶什里襲

六次襲桑噶什里達爾瑪巴咱爾弟咸豐四年襲扎薩克多羅郡王

扎薩克多羅貝勒

初封扎薩克多羅郡王衮布自降襲貝勒後至第七次仍襲扎薩克多羅貝勒濟木丕勒多爾濟見續傳

七次襲濟木丕勒多爾濟襲其父貢楚克扎布之扎薩克多羅貝勒爵道光二十五年襲賞戴雙眼花翎咸豐二年授盟長

扎薩克多羅郡王

初封扎薩克鎮國公托多額爾德尼自晉襲多羅郡王後至第七次仍襲扎薩克多羅郡王圖克濟扎布見續傳

七次襲圖克濟扎布襲其父德木楚克扎布之扎薩克多羅郡王爵道光十一年襲十五年

賞戴三眼花翎

命在乾清門行走二十九年卒子洞古爾扎布襲

八次襲洞古爾扎布圖克濟扎布子道光二十

九年襲扎薩克多羅郡王

扎薩克多羅貝勒

初封扎薩克鎮國公素泰伊勒登自晉襲多羅貝勒後至第九次仍襲扎薩克多羅貝勒西林巴扎爾扎布見續傳

九次襲西林巴扎爾扎布襲其父那木濟爾多爾濟之扎薩克多羅貝勒爵道光二十五年襲

扎薩克輔國公

初封旺舒克至第六次仍襲扎薩克輔國公扎木薩琳扎布見續傳

六次襲扎木薩琳扎布襲其族伯齊旺扎布之扎薩克輔國公爵嘉慶十二年襲道光八年卒孫喇布丹多爾濟襲

七次襲喇布丹多爾濟扎木薩琳扎布孫道光八年襲扎薩克輔國公

扎薩克輔國公

初封阿玉什至第八次仍襲扎薩克輔國公班丹扎布見續傳

八次襲班丹扎布襲其父達什德勒克之扎薩克輔國公爵道光八年襲二十四年

賞戴花翎二十七年卒子濟克濟特多爾濟襲

九次襲濟克濟特多爾濟班丹扎布子道光二十七年襲扎薩克輔國公咸豐二年

賞戴花翎

扎薩克輔國公

初封車淩達什至第九次仍襲扎薩克輔國公珠爾默特旺濟勒見續傳

九次襲珠爾默特旺濟勒襲其父達錫喇布坦之扎薩克輔國公爵道光十五年襲咸豐五年卒子達爾瑪巴咱爾襲

十次襲達爾瑪巴咱爾珠爾默特旺濟勒子咸豐五年襲扎薩克輔國公

扎薩克輔國公

初封諾爾布扎布至第四次仍襲

扎薩克輔國公固魯色特見續傳

四次襲固魯色特襲其父索諾木巴勒珠爾多爾濟之扎薩克輔國公爵道光四年襲二十四年

賞戴花翎

公品級扎薩克一等台吉

初授扎薩克一等台吉齊旺多爾濟自晉襲公品級後至第四次仍襲公品級扎薩克一等台吉達木定扎布見續傳

四次襲達木定扎布襲其父鄂依多布多爾濟之公品級扎薩克一等台吉曾道光二十三年襲

扎薩克鎮國公

初授扎薩克一等台吉阿哩雅自晉襲鎮國公後至第六次仍襲扎薩克鎮國公車登扎布見續傳

六次襲車登扎布襲其叔巴勒沁之扎薩克鎮國公爵道光五年襲

附輔國公

初封多爾濟至第三次仍襲輔國公扎冲見續傳

三次襲扎冲襲其弟多布沁之輔國公爵道光五年襲十九年

賞戴花翎咸豐三年卒子車登扎布襲

四次襲車登扎布扎冲子咸豐三年襲輔國公

扎薩克輔國公

初授扎薩克一等台吉西第自晉襲輔國公後至第七次仍襲扎薩克輔國公喇旺多爾濟

見續傳

七次襲喇旺多爾濟襲其父達喇扎布之扎薩克輔國公爵道光十一年襲

扎薩克一等台吉

初授丹津額爾德尼至第九次仍襲扎薩克一等台吉阿巴爾彌特見續傳

九次襲阿巴爾彌特襲其叔達瑪林扎布之扎薩克一等台吉爵道光十三年襲二十二年

賞戴花翎

扎薩克一等台吉

初授薩木濟特至第四次仍襲扎薩克一等台吉多爾濟扎布見續傳

四次襲多爾濟扎布襲其父車登扎布之扎薩克一等台吉曾乾隆四十七年襲道光二十六年卒子羅布桑車林襲

五次襲羅布桑車林多爾濟扎布子道光二十六年襲扎薩克一等台吉

賞戴花翎咸豐二年卒子烏勒哲依巴達爾呼淩呼襲

六次襲烏勒哲依巴達爾呼淩呼羅布桑車林

子咸豐二年襲扎薩克一等台吉

扎薩克一等台吉

初授伊達木至第五次仍襲扎
薩克一等台吉巴雅爾見續傳

五次襲巴雅爾襲其父巴勒桑敏珠爾之扎薩克一等台吉爵乾隆五十九年襲道光二十一年

賞戴花翎咸豐元年卒子圖克密特襲

六次襲圖克密特巴雅爾子咸豐元年襲扎薩克一等台吉

附輔國公

初封袞布車淩至第四次仍襲

輔國公德勒克達什見續傳

四次襲德勒克達什襲其父齊旺達什之輔國

公爵嘉慶十九年襲道光二十五年

賞戴花翎

扎薩克一等台吉

初授納木扎勒至第五次仍襲扎薩克一等台吉格濟巴勒見續傳

五次襲格濟巴勒襲其父旺濟勒三丕勒之扎薩克一等台吉爵道光二年襲十九年

命在乾清門行走

扎薩克一等台吉

初授沙嚕伊勒都齊至第五次仍襲

扎薩克一等台吉巴達爾見續傳

五次襲巴達爾襲其從祖薩木丕勒多爾濟之

扎薩克一等台吉爵道光二十四年襲

欽定續纂外藩蒙古回部王公傳　卷八　三[illegible]

扎薩克一等台吉

初授素達尼至第七次仍襲扎薩克一等台吉扎木巴喇見續傳

七次襲扎木巴喇襲其父貢楚克扎布之扎薩克一等台吉爵道光十九年襲二十七年卒無嗣姪車登丕勒濟雅襲

八次襲車登丕勒濟雅扎木巴喇姪道光二十七年襲扎薩克一等台吉

附
公品級三等台吉
初授噶瓦至第三次仍襲公品級
三等台吉車淩桑魯布見續傳
三次襲車淩桑魯布襲其父旺丕勒之公品級
三等台吉爵道光三年襲咸豐二年
賞戴花翎

扎薩克一等台吉

初授濟納彌達至第五次仍襲扎薩克一等台吉噶勒桑多爾濟見續傳

五次襲噶勒桑多爾濟襲其父棍布多爾濟之扎薩克一等台吉爵道光二十五年襲咸豐元年卒無嗣兄章楚布多爾濟襲

六次襲章楚布多爾濟噶勒桑多爾濟兄咸豐元年襲扎薩克一等台吉二年卒子額林多爾濟襲

七次襲額林多爾濟章楚布多爾濟子咸豐二

年襲扎薩克一等台吉

扎薩克一等台吉

初授多爾濟至第九次仍襲扎薩克一等台吉布彥濟爾噶勒見續傳

九次襲布彥濟爾噶勒襲其兄車林之扎薩克一等台吉爵道光十二年襲

扎薩克一等台吉

初授額墨根至第四次仍襲扎薩克一等台吉布木達爾見續傳

四次襲布木達爾襲其父哈斯巴咱爾之扎薩克一等台吉爵道光十九年襲

附

厄魯特扎薩克固山貝子

初封厄魯特扎薩克多羅郡王阿喇布坦自降襲固山貝子後至第八次仍襲扎薩克固山貝子查克達爾扎勒見續傳

八次襲查克達爾扎勒襲其從兄多爾濟巴勒之扎薩克固山貝子爵嘉慶二十二年襲道光十八年

賞戴雙眼花翎咸豐三年授副盟長

附

厄魯特扎薩克固山貝子

初封厄魯特扎薩克輔國公丹濟拉自晉襲固山貝子後至第八次仍襲扎薩克固山貝子車都布

多爾濟見續傳

八次襲車都布多爾濟襲其父貢格多爾濟之扎薩克固山貝子爵道光二十二年襲

阿拉善厄魯特部

扎薩克和碩親王

初封扎薩克多羅貝勒和囉理自晉襲和碩親王後至第六次仍襲扎薩克和碩親王貢桑珠爾默特見續傳

六次襲貢桑珠爾默特襲其父囊都布素隆之扎薩克和碩親王爵道光二十四年襲命在御前行走賞戴三眼花翎二十六年

賞紫韁二十七年

賞穿黃馬褂咸豐二年

賞黃韁

附

公品級一等台吉

初授瑪哈巴喇至第二次仍襲公品級一等台吉布尼錫哩見續傳

二次襲布尼錫哩襲其父雲敦策登之公品級一等台吉爵道光十年襲二十四年

賞戴花翎

欽定續纂外藩蒙古回部王公傳
卷八

附

鎮國公

初封固山貝子袞布自降襲鎮國公後卒第五次仍襲鎮國公德勒格爾布彥見續傳

五次襲德勒格爾布彥襲其父莽噶喇之鎮國公爵嘉慶十九年襲道光二十二年

賞戴花翎咸豐五年卒子沙克都爾扎布襲

六次襲沙克都爾扎布德勒格爾布彥子咸豐五年襲鎮國公

附鎮國公

初封輔國公玉木楚木自晉襲鎮國公後至第五次仍襲鎮國公普爾普見續傳

五次襲普爾普襲其父多爾濟色布騰之鎮國公爵道光三年襲十二年

賞戴花翎咸豐二年卒子薩達布多爾濟襲

六次襲薩達布多爾濟普爾普子咸豐二年襲鎮國公

欽定續纂外藩蒙古回部王公傳卷之九目錄

青海厄魯特部

扎薩克多羅郡王
扎薩克多羅郡王
扎薩克多羅貝勒
扎薩克多羅郡王
扎薩克多羅貝勒
扎薩克一等台吉

扎薩克固山貝子

扎薩克固山貝子

扎薩克一等台吉

扎薩克輔國公

扎薩克固山貝子

扎薩克輔國公

扎薩克輔國公

扎薩克輔國公

扎薩克一等台吉

扎薩克一等台吉

扎薩克一等台吉

扎薩克一等台吉

扎薩克一等台吉

扎薩克一等台吉

扎薩克一等台吉

扎薩克一等台吉

扎薩克一等台吉

扎薩克一等台吉

扎薩克一等台吉

扎薩克一等台吉

公中扎薩克一等台吉

公中扎薩克一等台吉

欽定續纂外藩蒙古回部王公傳卷之九

傳第九

青海厄魯特部

扎薩克多羅郡王

初封扎薩克和碩親王察罕丹津自降襲多羅郡王後至第五次仍襲扎薩克多羅郡王達什旺扎勒見續傳

五次襲達什旺扎勒襲其父達什忠鼐之扎薩克多羅郡王爵道光十三年襲二十三年

賞戴三眼花翎二十四年

命在乾清門行走三十年卒子春津襲

六次襲春津達什旺扎勒子道光三十年襲扎

薩克多羅郡王

扎薩克多羅郡王

初封多羅郡王策旺喇布坦自授扎薩克後至第五次仍襲扎薩克多羅郡王車琳端多布

見續傳

五次襲車琳端多布襲其父索諾木多爾濟之扎薩克多羅郡王爵嘉慶十三年襲道光十六年

命在乾清門行走十九年拏獲番賊出力

賞戴三眼花翎

賞紫韁仍交部優敘

賞軍功加二級咸豐四年卒子烏爾濟扎布襲

六次襲烏爾濟扎布車琳端多布子咸豐四年

襲扎薩克多羅郡王

扎薩克多羅貝勒

初封扎薩克多羅郡王色布騰扎勒自降襲貝勒後至第七次仍襲扎薩克多羅貝勒那木扎勒丹巴見續傳

七次襲那木扎勒丹巴襲其父德哩巴勒珠爾之扎薩克多羅貝勒爵道光十八年襲二十一年

賞戴雙眼花翎咸豐五年因病開缺子喇旺多爾濟襲

八次襲喇旺多爾濟那木扎勒丹巴子咸豐五

年襲扎薩克多羅貝勒

扎薩克多羅郡王

初封多羅貝勒阿啟巴圖爾衮布自晉襲扎薩克多羅郡王後至第七次仍襲扎薩克多羅郡王固木楚克濟克默特見續傳

七次襲固木楚克濟克默特襲其父沙克都爾之扎薩克多羅郡王爵道光三年襲六年

賞戴三眼花翎十五年

命在乾清門行走

欽定續纂外藩蒙古回部王公傳

扎薩克多羅貝勒

初封多羅貝勒達顏自授扎薩克後至第八次仍襲扎薩克多羅貝勒羅布藏津巴見續傳

八次襲羅布藏津巴襲其姪車林諾爾布之扎薩克多羅貝勒爵道光十九年襲二十二年

賞戴雙眼花翎咸豐二年

命在乾清門行走五年卒子崗藏楚克多布襲

九次襲崗藏楚克多布羅布藏津巴子咸豐五

年襲扎薩克多羅貝勒

扎薩克一等台吉

初封多羅貝勒納木扎勒自降襲扎薩克一等台吉後至第五次仍襲扎薩克一等台吉達爾瑪錫哩見續傳

五次襲達爾瑪錫哩襲其父旺舒克之扎薩克一等台吉爵道光九年襲十五年

賞戴花翎咸豐五年卒無嗣堂叔丞隴襲

六次襲丞隴達爾瑪錫哩堂叔咸豐五年襲扎薩克一等台吉

扎薩克固山貝子

初封固山貝子車淩敦多布自授扎薩克後至第五次仍襲扎薩克固山貝子伊達木林沁

見續傳

五次襲伊達木林沁襲其父喇特那錫第之扎薩克固山貝子爵道光二十三年襲

扎薩克固山貝子

初封索諾木達什至第八次仍襲扎薩克固山貝子格勒克那木扎勒見續傳

八次襲格勒克那木扎勒襲其父旺沁丹津之扎薩克固山貝子爵嘉慶十六年襲道光二十一年

賞戴雙眼花翎咸豐三年卒子棍布車布登襲

九次襲棍布車布登格勒克那木扎勒子咸豐三年襲扎薩克固山貝子

扎薩克一等台吉

初封固山貝子羅卜藏達爾扎自降襲扎薩克一等台吉後至第八次仍襲扎薩克一等台吉喇木貢策喇克扎勒見續傳

八次襲喇木貢策喇克扎勒襲其兄喇木棍策勒謙之扎薩克一等台吉爵道光十三年襲咸豐五年

賞戴雙眼花翎

扎薩克輔國公

初封扎薩克鎮國公噶勒丹達什自降襲輔國公後至第五次仍襲扎薩克輔國公察哈巴克

見續傳

賞戴花翎

五次襲察哈巴克襲其父喇特納錫第之扎薩克輔國公爵道光三年襲二十五年

扎薩克固山貝子

初封扎薩克輔國公阿喇布坦自晉襲固山貝子後至第四次仍襲扎薩克固山貝子索諾木丕爾齋見續傳

四次襲索諾木丕爾齋襲其父喇特納西第之

扎薩克固山貝子爵道光十八年襲二十九年

賞戴雙眼花翎授右翼副盟長

扎薩克輔國公

初封輔國公索諾木達什自授扎薩克後至第八次仍襲扎薩克輔國公吹達爾見

續

傳

八次襲吹達爾襲其父珠爾默特圖布登車淩之扎薩克輔國公爵道光十八年襲

扎薩克輔國公

初封車淩至第五次仍襲扎薩克輔國公達瑪林扎布見續傳

五次襲達瑪林扎布襲其父格埒克喇布齋之扎薩克輔國公爵道光九年襲三十年卒子多爾濟色布登襲

六次襲多爾濟色布登達瑪林扎布子道光三十年襲扎薩克輔國公

扎薩克輔國公

初封貢格至第五次仍襲扎薩克輔國公多爾濟沙木見續傳

五次襲多爾濟沙木襲其父琳沁旺舒克之扎薩克輔國公爵道光二年襲二十六年

賞戴花翎

欽定續纂外藩蒙古回部王公傳　卷九

扎薩克一等台吉

初封扎薩克輔國公阿喇布坦扎木素自降襲一等台吉後至第五次仍襲扎薩克一等台吉達什端多布見續傳

五次襲達什端多布襲其父旺濟勒多爾濟車布登之扎薩克一等台吉爵道光二十三年襲二十六年

賞戴花翎

扎薩克一等台吉

初授達瑪琳色布騰至第四次仍襲

扎薩克一等台吉棍布扎布見續傳

四次襲棍布扎布襲其父根敦扎布之扎薩克一等台吉爵乾隆五十四年襲咸豐四年卒子察哈巴克襲

五次襲察哈巴克棍布扎布子咸豐四年襲扎薩克一等台吉

欽定續纂外藩蒙古回部王公傳 卷九 二十

扎薩克一等台吉

初授阿喇布坦至第四次仍襲扎薩克一等台吉端多布旺扎勒見續傳

四次襲端多布旺扎勒襲其父索勒木敏珠爾之扎薩克一等台吉爵道光十年襲十八年

賞戴花翎

扎薩克一等台吉

初授哈爾噶斯至第五次仍襲扎薩克一等台吉濟克默特旺順見續傳

五次襲濟克默特旺順襲其父恩克巴雅爾之扎薩克一等台吉爵道光九年襲二十七年卒無嗣弟洞藏喀爾布襲

六次襲洞藏喀爾布濟克默特旺順弟道光二十七年襲扎薩克一等台吉二十九年

賞戴花翎

欽定續纂外藩蒙古回部王公傳
卷九
十六

扎薩克一等台吉

初授扎布至第六次仍襲扎薩克一等台吉車布坦端多布見續傳

六次襲車布坦端多布襲其父端多布之扎薩克一等台吉爵道光二十五年襲

扎薩克一等台吉

初授察罕喇布坦至第六次仍襲扎薩克一等台吉袞布多爾濟見續傳

六次襲袞布多爾濟襲其父沙喇布提理之扎薩克一等台吉爵乾隆五十六年襲

扎薩克一等台吉

初授伊什多勒扎布至第七次仍襲扎薩克一等台吉巴木巴勒達什倫都布見續傳

七次襲巴木巴勒達什倫都布襲其父旺沁端多布之扎薩克一等台吉爵道光十年襲二十六年卒無嗣同族二等台吉林沁那木都勒襲

八次襲林沁那木都勒巴木巴勒達什倫都布同族道光二十六年襲扎薩克一等台吉咸豐

四年卒子羅堆僧格襲

九次襲羅堆僧格林沁那木都勒子咸豐四年

襲扎薩克一等台吉

扎薩克一等台吉

初授色布騰博碩克圖至第五次仍襲

扎薩克一等台吉布彥達賴見續傳

五次襲布彥達賴襲其父格勒克喇布坦之扎

薩克一等台吉爵道光八年襲

扎薩克一等台吉

初授索諾木喇布坦多爾濟至第六次仍襲扎薩克一等台吉端多布那木扎勒見續傳

六次襲端多布那木扎勒襲其父多爾濟旺濟勒之扎薩克一等台吉爵道光二十一年襲

扎薩克一等台吉

初授羅布桑察罕至第五次仍襲扎薩克一等台吉達瑪林車淩見續傳

五次襲達瑪林車淩襲其父旺舒克之扎薩克一等台吉爵道光九年襲十七年

賞戴花翎

扎薩克一等台吉

初授達爾扎至第四次仍襲扎薩克一等台吉索諾木喇布坦見續傳

四次襲索諾木喇布坦襲其父瑪濟克策楞之扎薩克一等台吉爵道光十二年襲二十二年

賞戴花翎

扎薩克一等台吉

初授丹忠至第四次仍襲扎薩克一等台吉喇布扎喇木楚克見續傳

四次襲喇布扎喇木楚克襲其父羅布藏吹達爾之扎薩克一等台吉爵嘉慶十八年襲

公中扎薩克一等台吉

初授車淩納木扎勒至第六次仍襲

公中扎薩克一等台吉旺沁見續傳

六次襲旺沁襲其叔恭藏之公中扎薩克一等台吉爵道光十二年襲咸豐四年卒子多布登色爾扎勒襲

七次襲多布登色爾扎勒旺沁子咸豐四年襲公中扎薩克一等台吉

欽定續纂外藩蒙古回部王公傳　卷九

公中扎薩克一等台吉

初授達什敦多布至第三次仍襲公中扎薩克一等台吉齊伯克多爾濟見續傳

三次襲齊伯克多爾濟襲其父濟克濟扎布之公中扎薩克一等台吉爵道光元年襲十九年賞戴花翎咸豐三年卒子巴彥濟爾噶勒襲

四次襲巴彥濟爾噶勒齊伯克多爾濟子咸豐三年襲公中扎薩克一等台吉

欽定續纂外藩蒙古回部王公傳卷之十目錄

西藏部
扎薩克輔國公
一等台吉
一等台吉
扎薩克一等台吉
居京師之綽羅斯
固山貝子

杜爾伯特部

扎薩克特古斯庫魯克達賴汗

扎薩克和碩親王

扎薩克多羅郡王

扎薩克多羅貝勒

扎薩克多羅貝勒

扎薩克固山貝子

扎薩克固山貝子

扎薩克鎮國公

扎薩克輔國公

扎薩克輔國公

扎薩克一等台吉

扎薩克一等台吉

扎薩克一等台吉

扎薩克一等台吉

輝特扎薩克一等台吉

輝特扎薩克一等台吉

和碩特扎薩克一等台吉

欽定續纂外藩蒙古回部王公傳卷之十

傳第十

西藏部

扎薩克輔國公

初封扎薩克鎮國公珠爾默特策布登自降襲輔國公後至第四次仍襲扎薩克輔國公策旺珠美見續傳

四次襲策旺珠美襲其父額林沁彭楚克之扎薩克輔國公爵嘉慶二十一年襲道光二十七

年因病開缺子扎什熱布丹襲

五次襲扎什熱布丹策旺珠美子道光二十七

年襲扎薩克輔國公

一等台吉

初封輔國公索諾木達爾扎自降襲一等台吉後至第五次仍襲一等台吉加木參烏珠見續傳

五次襲加木參烏珠襲其父色綸彭蘇之一等台吉爵道光十一年襲

一等台吉

初授一等台吉噶錫布那木扎勒色布騰自晉襲輔國公後至第四次復降襲一等台吉敏珠爾索諾木班珠勒見續傳

四次襲敏珠爾索諾木班珠勒由其父丹津班珠爾所襲之輔國公爵降襲一等台吉嘉慶十年授噶布倫

扎薩克一等台吉

初授諾顏和碩齊至第六次仍襲扎薩克一等台吉敦珠毓傑見續傳

六次襲敦珠毓傑襲其父策淩旺楚克多爾濟之扎薩克一等台吉爵道光八年襲

居　京師之綽羅斯

固山貝子

初封和碩親王達瓦齊自降襲固山貝子後至第五次仍襲固山貝子伊鏗額見續傳

五次襲伊鏗額襲其父賡音蘇之固山貝子爵

道光十八年襲咸豐四年授二等侍衛

杜爾伯特部

扎薩克特古斯庫魯克達賴汗

初封車淩至第六次仍襲扎薩克特古斯庫魯克達賴汗密什克多爾濟見續傳

六次襲密什克多爾濟襲其父齊旺巴勒楚克之扎薩克特古斯庫魯克達賴汗爵道光二十三年襲二十八年卒無嗣同族頭等台吉桑都克多爾濟襲

七次襲桑都克多爾濟密什克多爾濟同族道

光二十八年襲扎薩克特古斯庫魯克達賴汗
爵咸豐四年卒子哩扎勒喇布坦什爾珠特襲
八次襲哩扎勒喇布坦什爾珠特桑都克多爾
濟子咸豐四年襲扎薩克特古斯庫魯克達賴
汗

扎薩克和碩親王

初封車凌烏巴什至第三次仍襲扎薩克和碩親王棍布扎布見續傳

三次襲棍布扎布襲其繼父貢噶諾爾布之扎薩克和碩親王爵道光九年襲十九年

命在乾清門行走

賞戴三眼花翎

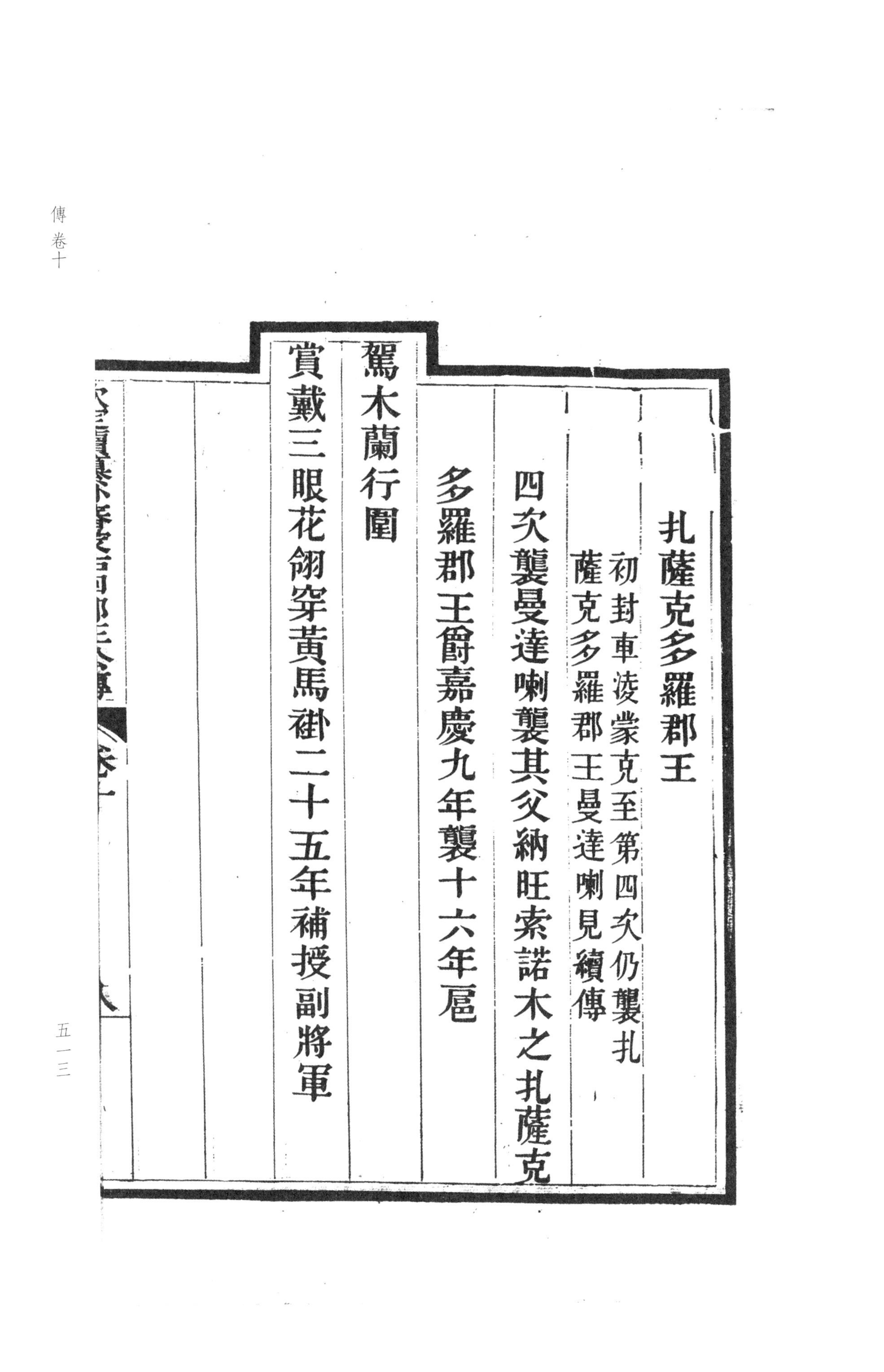

扎薩克多羅郡王

初封車淩蒙克至第四次仍襲扎

薩克多羅郡王曼達喇見續傳

四次襲曼達喇襲其父納旺索諾木之扎薩克

多羅郡王爵嘉慶九年襲十六年扈

駕木蘭行圍

賞戴三眼花翎穿黃馬褂二十五年補授副將軍

欽定續纂外藩蒙古回部王公傳　卷十　八

扎薩克多羅貝勒

初封色布騰至第三次仍襲扎薩克多羅貝勒雅哩木闢勒多爾濟見續傳

三次襲雅哩木闢勒多爾濟襲其父貢楚克扎布之扎薩克多羅貝勒爵道光五年襲十九年

賞戴雙眼花翎

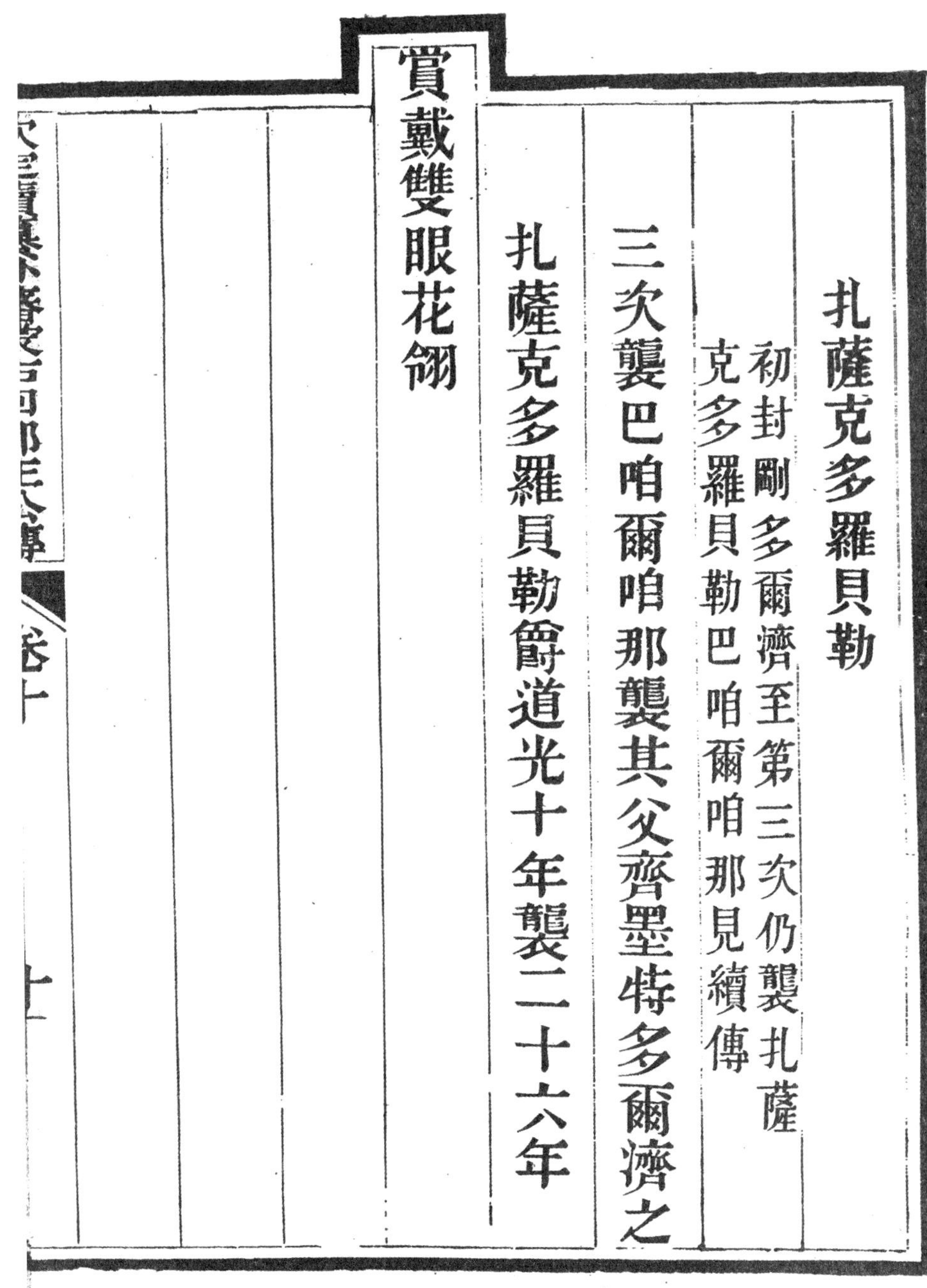

扎薩克多羅貝勒

初封剛多爾濟至第三次仍襲扎薩克多羅貝勒巴咱爾咱那見續傳

三次襲巴咱爾咱那襲其父齊墨特多爾濟之扎薩克多羅貝勒爵道光十年襲二十六年

賞戴雙眼花翎

扎薩克固山貝子

初封瑪什巴圖至第六次仍襲扎薩克固山貝子諾木巴達爾琥見續傳

六次襲諾木巴達爾琥襲其父喇特那巴咱爾之扎薩克固山貝子爵道光二十一年襲咸豐四年卒子察克都爾扎布襲

七次襲察克都爾扎布諾木巴達爾琥子咸豐四年襲扎薩克固山貝子

扎薩克固山貝子

初封班珠爾至第四次仍襲扎薩克固山貝子伊達木扎布見續傳

四次襲伊達木扎布襲其兄喇穆扎布之扎薩克固山貝子爵嘉慶十四年襲咸豐四年卒子車林多爾濟襲

五次襲車林多爾濟伊達木扎布子咸豐四年襲扎薩克固山貝子

扎薩克鎮國公

初封扎薩克固山貝子根敦自降襲鎮國公後至第四次仍襲扎薩克鎮國公諾爾布見續傳

四次襲諾爾布襲其父諤勒哲依鄂羅什瑚之扎薩克鎮國公爵嘉慶二十四年襲道光九年授副盟長咸豐三年卒子阿玉爾扎那襲

五次襲阿玉爾扎那諾爾布子咸豐三年襲扎薩克鎮國公

扎薩克輔國公

初封巴圖蒙克至第五次仍襲扎薩克輔國公車伯克扎布見續傳

五次襲車伯克扎布襲其父車登扎布之扎薩克輔國公爵道光二十五年襲

扎薩克輔國公

初封剛至第四次仍襲扎薩克輔國公多郭爾巴見續傳

四次襲多敦爾巴襲其兄達克郭之扎薩克輔國公爵道光二十五年襲

扎薩克一等台吉

初授達什端多克至第三次仍襲扎薩克一等台吉烏爾棍濟庫見續傳

三次襲烏爾棍濟庫襲其父布格之扎薩克一等台吉道光元年襲

扎薩克一等台吉

初授恭錫喇至第五次仍襲扎薩克一等台吉車林諾魯布見續傳

五次襲車林諾魯布襲其父巴勒章之扎薩克

一等台吉爵道光十一年襲

扎薩克一等台吉

初授額布根至第四次仍襲扎薩克一等台吉額爾德尼見續傳

四次襲額爾德尼襲其父鄂特伯克扎布之扎薩克一等台吉爵道光十六年襲

扎薩克一等台吉

初授巴爾至第四次仍襲扎薩克一等台吉布彥德勒格爾見續傳

四次襲布彥德勒格爾襲其父扎胄之扎薩克一等台吉爵道光十六年襲

輝特扎薩克一等台吉

初授達瑪琳至第四次仍襲輝特扎薩克一等台吉曼達勒扎布見續傳

四次襲曼達勒扎布襲其父薩木寶多爾濟之輝特扎薩克一等台吉爵道光二十三年襲咸豐二年

賞戴花翎四年卒無嗣弟玉木沁襲

五次襲玉木沁曼達勒扎布弟咸豐四年襲輝特扎薩克一等台吉

輝特扎薩克一等台吉

初授羅卜藏至第五次仍襲輝特扎薩克一等台吉噶爾瑪見續傳

五次襲噶爾瑪襲其父貢楚克之輝特扎薩克一等台吉爵道光十七年襲

和碩特扎薩克一等台吉

初授布彥克什克第一次仍襲扎薩克一等台吉額林沁多爾濟見續傳

一次襲額林沁多爾濟襲其父布彥克什克之扎薩克一等台吉爵道光十五年襲咸豐元年卒子奇默特車林襲

二次襲奇默特車林額林沁多爾濟子咸豐元年襲扎薩克一等台吉二年

賞戴花翎

欽定續纂外藩蒙古回部王公傳卷之十一目錄

土爾扈特部

扎薩克多羅貝勒

扎薩克卓哩克圖汗

扎薩克多羅貝勒

扎薩克輔國公

扎薩克一等台吉

扎薩克和碩布延圖親王

公品級扎薩克一等台吉

扎薩克一等台吉

扎薩克多羅畢錫哷勒圖郡王

扎薩克固山伊特格勒貝子

扎薩克多羅濟爾哈朗貝勒

扎薩克多羅彌哩克圖郡王

扎薩克固山烏察喇勒圖貝子

和碩特部

扎薩克固山阿穆爾呤貴貝子

扎薩克一等台吉

扎薩克一等台吉

哈密回部

扎薩克多羅郡王

吐魯番回部

扎薩克多羅郡王

增

三等台吉

附一等台吉今降三等台吉

附二等台吉

欽定續纂外藩蒙古回部王公傳卷之十一

傳第十一

土爾扈特部

扎薩克多羅貝勒

初封固山貝子阿喇布珠爾自晉襲扎薩克多羅貝勒後至第六次仍襲扎薩克多羅貝勒達什車楞見續傳

六次襲達什車楞襲其父巴雅爾莽奈之扎薩克多羅貝勒爵道光二十一年襲

扎薩克卓哩克圖汗

初封烏巴錫至第六次仍襲扎薩克卓哩克圖汗那木扎勒珠爾默特策林見續傳

六次襲那木扎勒珠爾默特策林襲其父策登多爾濟之扎薩克卓哩克圖汗爵道光十一年襲二十九年卒

賞銀五百兩治喪派喀喇沙爾辦事大臣舒精阿前往奠醊無嗣堂弟瑪哈巴咱爾襲

七次襲瑪哈巴咱爾那木扎勒珠爾默特策林

堂弟道光三十年襲扎薩克卓哩克圖汗爵咸

豐二年卒子喇特那巴咱爾襲

八次襲喇特那巴咱爾瑪哈巴咱爾子咸豐二

年襲扎薩克卓哩克圖汗

扎薩克多羅貝勒

初封額墨根烏巴什至第三次仍襲扎薩克固山巴雅爾圖貝子晉襲多羅貝勒蒙庫那遜

見續傳

三次襲蒙庫那遜襲其父巴勒丹喇什之扎薩克固山巴雅爾圖貝子爵道光十年

賞襲扎薩克多羅貝勒

扎薩克輔國公

初封拜濟瑚至第三次仍襲扎薩克輔國公曼吉多爾濟見續傳

三次襲曼吉多爾濟襲其父巴彥克什克之扎薩克輔國公爵道光二十四年襲

扎薩克一等台吉

初授伯爾哈什哈至第四次仍襲扎薩克一等台吉額爾德尼見續傳

四次襲額爾德尼襲其父和團之扎薩克一等台吉爵道光二十五年襲

扎薩克和碩布延圖親王

初封策伯克多爾濟至第三次仍襲扎薩克和碩布延圖親王恩克濟爾噶勒見續傳

三次襲恩克濟爾噶勒襲其父車淩烏巴什之扎薩克和碩布延圖親王爵嘉慶十九年襲道光十六年

命在乾清門行走二十八年卒子策林喇布丹襲

四次襲策林喇布丹恩克濟爾噶勒子道光二

十八年襲扎薩克和碩布延圖親王

公品級扎薩克一等台吉

初授恭格策淩至第二次仍襲公品級扎薩克一等台吉喇特那巴咱爾見續傳

二次襲喇特那巴咱爾襲其兄策淩敏珠爾之公品級扎薩克一等台吉爵道光七年襲二十七年

賞戴花翎

扎薩克一等台吉

初授扎薩克一等台吉阿克薩哈勒自晉襲輔國公後復降襲一等台吉至第三次仍襲扎薩克一等台吉

圖布申克什克見續傳

三次襲圖布申克什克襲其父多爾濟那木扎勒之扎薩克一等台吉爵道光十二年襲二十三年

賞戴花翎

欽定續纂外藩蒙古回部王公傳
卷一
十八

扎薩克多羅畢錫哷勒圖郡王

初封巴木巴爾至第四次仍襲扎薩克多羅畢錫哷勒圖郡王巴圖見續傳

四次襲巴圖襲其父那木扎勒車登之扎薩克多羅畢錫哷勒圖郡王爵道光二十五年襲

欽定續纂外藩蒙古回部王公傳 卷十一 九

扎薩克固山伊特格勒貝子

初封奇布騰至第四次仍襲扎薩克固山伊特格勒貝子普爾普噶丹見續傳

四次襲普爾普噶丹襲其祖那遜德勒克之扎薩克固山伊特格勒貝子爵道光二十三年襲

欽定續纂外藩蒙古回部王公傳
卷十一
十

扎薩克多羅濟爾哈朗貝勒

初封默們圖至第五次仍襲扎薩克多羅濟爾哈朗貝勒巴圖那遜見續傳

五次襲巴圖那遜襲其兄巴圖克什克之扎薩克多羅濟爾哈朗貝勒爵嘉慶二十一年襲授盟長道光十八年

賞戴雙眼花翎二十六年卒子那特那什廸襲

六次襲那特那什廸巴圖那遜子道光二十六年襲扎薩克多羅濟爾哈朗貝勒咸豐元年卒

無嗣弟鄂齊爾襲

七次襲鄂齊爾那特那什迪弟咸豐元年襲扎

薩克多羅濟爾哈朗貝勒

扎薩克多羅弼哩克圖郡王

初封舍棱至第三次仍襲扎薩克多羅弼哩克圖郡王多諾羅布多爾濟見續傳

三次襲多諾羅布多爾濟襲其父散達克多爾濟之扎薩克多羅弼哩克圖郡王爵道光十七年襲二十年

命在乾清門行走

欽定續纂外藩蒙古回部王公傳
卷一
三

扎薩克固山烏察喇勒圖貝子

初封沙喇扣肯至第二次仍襲扎薩克固山烏察喇勒圖貝子烏爾圖那遜見續傳

二次襲烏爾圖那遜襲其父車凌多爾濟之扎薩克固山烏察喇勒圖貝子爵道光二十年襲

和碩特部

扎薩克固山阿穆爾哈貴貝子

初封雅蘭丕勒至第六次仍襲扎薩克固山阿穆爾哈貴貝子多爾濟那木扎勒見

續傳

六次襲多爾濟那木扎勒襲其叔車登多爾濟之扎薩克固山阿穆爾哈貴貝子爵道光二十一年襲

欽定續纂外藩蒙古回部王公傳　卷十一

扎薩克一等台吉

初授諾海至第四次仍襲扎薩克一等台吉棍濟克扎布見續傳

四次襲棍濟克扎布襲其父巴彥濟爾噶勒之扎薩克一等台吉爵道光十九年襲

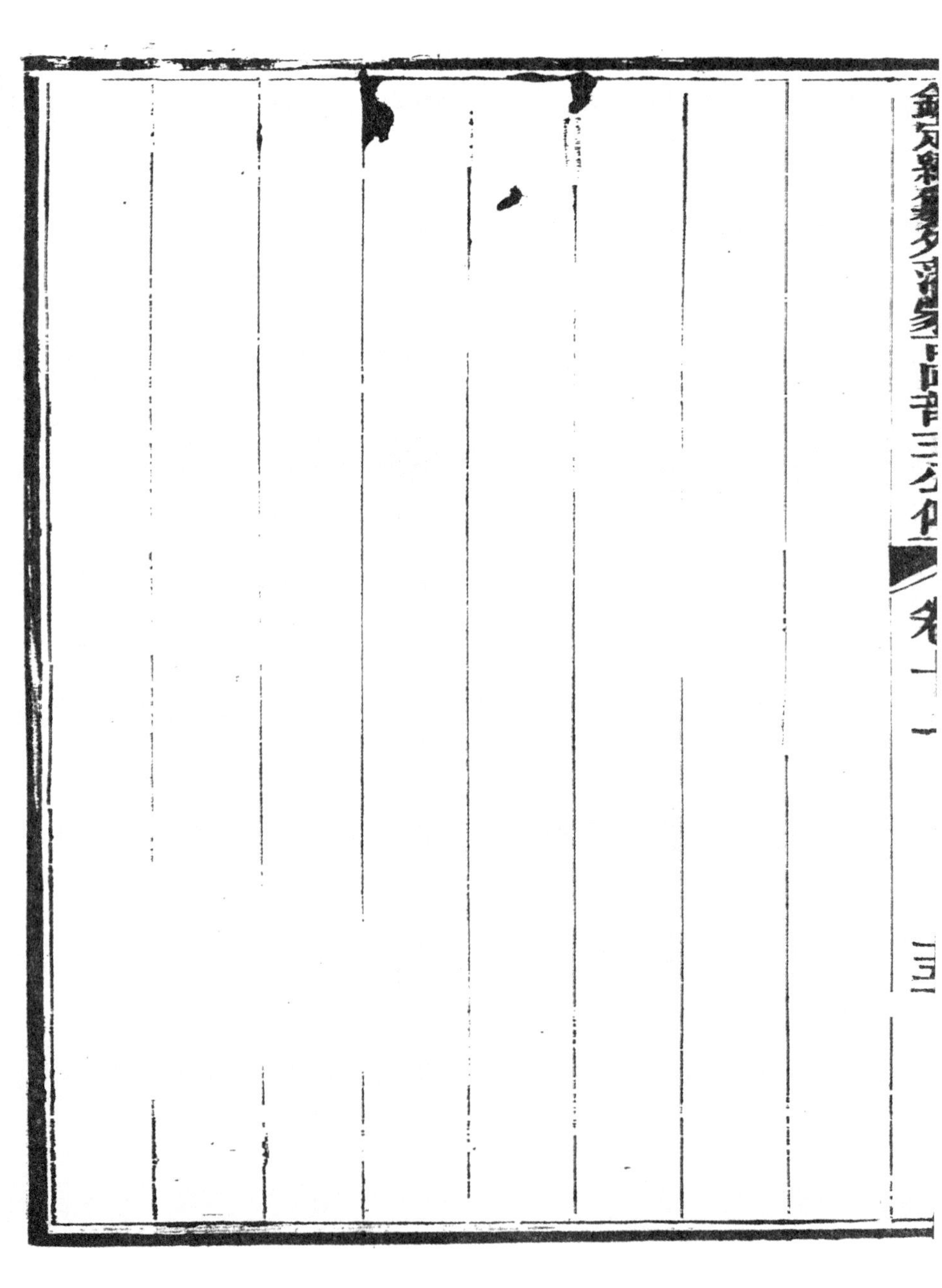

扎薩克一等台吉

初授一等台吉巴雅爾喇瑚自授扎薩克

後至第四次仍襲扎薩克一等台吉圖嚕

孟庫見

續傳

四次襲圖嚕孟庫襲其繼父濟爾噶勒之扎薩

克一等台吉爵道光六年襲咸豐元年卒子喇

什德勒克襲

五次襲喇什德勒克圖嚕孟庫子咸豐元年襲

扎薩克一等台吉

哈密回部

扎薩克多羅郡王

初封扎薩克一等達爾漢額貝都喇自晉襲郡王品級多羅貝勒後至第六次仍襲郡王品級扎薩克多羅貝勒晉封郡王伯什爾見續傳

六次襲伯什爾襲其父額爾德錫爾之郡王品級扎薩克多羅貝勒爵嘉慶十八年襲二十年

賞戴雙眼花翎

命在乾清門行走行圍射獲鹿麕

賞穿黃馬褂換三眼花翎道光十二年年班來京

賞紫禁城騎馬復以六年間逆回張格爾十年間逆賊

安集延回子兩次滋擾喀什噶爾大兵往返皆

由哈密經過郡王銜貝勒伯什爾率領所屬置

備車輛等物運送軍營

上嘉其出力晉封郡王

吐魯番回部

扎薩克多羅郡王

初封額敏和卓至第六次仍襲扎薩克多羅郡王阿克喇依都見續傳

六次襲阿克喇依都襲其父邁瑪薩依特之扎薩克多羅郡王爵道光七年襲十五年

賞戴花翎十八年

賞換三眼花翎咸豐三年

命在乾清門行走五年捐備軍餉

賞散秩大臣銜

增

三等台吉

初授邁瑪特瑪哈蘇特已革郡王玉努斯子道光六年因伊父在喀什噶爾陣亡授爲三等台吉世襲罔替七年襲八年

賞戴花翎二十七年緣事革退弟穆伯爾襲

一次襲穆伯爾邁瑪特瑪哈蘇特弟道光二十八年襲三等台吉

附

一等台吉今降三等台吉

初授鄂囉木咱卜至第三次仍襲一等台吉今降三等台吉哈哩咱特見續傳

三次襲哈哩咱特襲其父和什納扎特之一等台吉爵道光十二年襲二十年開墾地畝出力賞給散秩大臣銜二十五年復因開墾地畝出力賞加一級咸豐四年因私占官地勒派糧賦奉旨退出乾清門革去散秩大臣銜降爲三等台吉仍准世襲

附

二等台吉

初授不爾敦至第三次仍襲

二等台吉佐霍爾鼎見續傳

三次襲佐霍爾鼎郡王額敏和卓曾孫道光八年襲二等台吉十一年在軍營出力

賞頭品頂戴十八年開墾地畝並修理城工出力

賞給散秩大臣銜

欽定續纂外藩蒙古回部王公傳卷之十二目錄

居歸化城之土默特

輔國公

三等子兼襲三等男

三等男

居察哈爾之和碩特

輔國公

輔國公

扎薩克一等台吉

居黑龍江之厄魯特

輔國公

居科布多之扎哈沁

三等信勇公

居　京師之回部

郡王品級多羅貝勒

輔國公

居新疆之回部

散秩大臣銜郡王

貝子品級輔國公

輔國公

三等輕車都尉

欽定續纂外藩蒙古回部王公傳卷之十二

傳第十二

居歸化城之土默特

輔國公

初封喇嘛扎布至第二次仍襲輔國公濟魯布見續傳

二次襲濟魯布襲其父索諾木旺扎勒之輔國公爵嘉慶十二年襲道光二十七年卒子二等台吉格木丕勒多爾濟襲

三次襲格木丕勒多爾濟濟魯布子道光二十

七年襲輔國公咸豐二年

賞戴花翎

三等子兼襲三等男

初授左翼都統三等子古祿格自兼襲三等男後至第八次仍襲三等子兼三等男羅布藏多爾濟見續傳

八次襲羅布藏多爾濟襲其父福保之三等子兼三等男爵乾隆五十四年襲

三等男

初授右翼都統託博克自改襲三等男後至第十一次仍襲三等男吉朗阿見續傳

十一次襲吉朗阿襲其父訥沁之三等男爵道光十四年襲

欽定續纂外藩蒙古回部王公傳
卷十二
三

居察哈爾之和碩特

輔國公

初封固山貝子納噶察自降襲輔國公
後至第五次仍襲輔國公蘊端見續傳

五次襲蘊端襲其父丹津扎布之輔國公爵嘉

慶二十五年襲

欽定續纂外藩蒙古回部王公傳
卷十一
四

輔國公

初封色布騰至第二次仍襲輔國公桑噜布多爾濟見續傳

二次襲桑噜布多爾濟襲其父達什喇布坦之輔國公爵嘉慶十九年襲

欽定續纂外藩蒙古回部王公傳　卷一二　三一

扎薩克一等台吉

初授特默齊至第二次仍襲扎薩克一等台吉恩克博羅特見續傳

二次襲恩克博羅特襲其父達什沙木丕勒之扎薩克一等台吉爵道光六年襲二十八年卒子布尼巴達哩襲

三次襲布尼巴達哩恩克博羅特子道光二十八年襲扎薩克一等台吉

居黑龍江之厄魯特

輔國公

初封巴桑至第三次仍襲輔國公烏爾圖那遜見續傳

三次襲烏爾圖那遜襲其繼父呢瑪咱木布之

輔國公爵道光六年襲

居科布多之扎哈沁

三等信勇公

初封禡木特至第五次仍襲三等
信勇公敏珠爾多爾濟見續傳

五次襲敏珠爾多爾濟襲其父車德布達什之
三等信勇公爵道光十九年襲咸豐二年
賞戴花翎

欽定續纂外藩蒙古回部王公傳
卷二十二
八

居　京師之回部

郡王品級多羅貝勒

初封霍集斯至第五次仍襲郡王品級多羅貝勒邁瑪第敏見續傳

五次襲邁瑪第敏襲其父邁瑪特愛孜斯之郡王品級多羅貝勒爵道光二十二年襲

輔國公

初封和什克至第三次仍襲輔國公邁瑪特熱伊木沙見續傳

三次襲邁瑪特熱伊木沙襲其曾祖和什克之輔國公爵道光八年襲

欽定續纂外藩蒙古回部王公傳　卷十二　十

居新疆之回部

散秩大臣銜郡王

初授散秩大臣封貝勒品級固山貝子鄂對自襲原爵旋降復晉後至第四次晉封郡王第五次仍襲散秩大臣銜郡王愛瑪特見續傳

五次襲愛瑪特襲其父伊薩克之郡王爵道光二十二年襲二十三年襲散秩大臣銜二十八年因捐備軍餉賞戴雙眼花翎

貝子品級輔國公

初封色提卜阿勒氏至第四次仍襲貝子品級輔國公邁瑪特愛散見續傳

四次襲邁瑪特愛散襲其父邁瑪特愛瑪特之

貝子品級輔國公爵道光二十三年襲三十年

捐修城垣出力

命以五六品伯克酌量補用

欽定續纂外藩蒙古回部王公傳　卷十二　十三

輔國公

初封噶岱默特至第五次仍襲

輔國公邁瑪塔哩普見續傳

五次襲邁瑪塔哩普襲其父木薩之輔國公爵

道光十七年襲二十四年捐修城垣出力

賞加一級